人気パーソナルスタイリストが教える

セルフブランディング × 似合う服

# クローゼットの法則でときめく美人になっちゃった！

10年ぶりの同窓会で
着ていく服がありません
何を着れば
いいんだろう
クローゼットに
入りきらないくらい
服はあるのに…
えみ（28）
おしゃれが苦手な
事務職 OL
う〜、
ビジネススーツじゃ
堅苦しいし…
もう少し華やかな方が
いいよね
カッチリ

たしかこの辺りにワンピースがあったはず…
ポイ
ポイ
ちがう
ちがう
あった!!
ヨレヨレ
あとでアイロンかけるとして…着てみよっと
ファスナーが上がらん…
くっ…
なんとか着られたー!!
鏡でチェック〜
ホッ
……
あれ!?
なんか
イマイチ…
3年前はこれ着るとほめられたのに
他に着るものないし…これで行こう

同窓会
知ってる人、いるかな〜
キョロキョロ
ドキドキ
あ、えみーっ
久しブリ〜!! 元気にしてた?
キラキラ
げっ 元気でしゅ
・・・
ドキドキ
みんな…きれいだな 私なんて普段はテキトーな服着てて
まっいっか
たまに流行りモノを着てみても なんかイマイチで…
ん〜っ
すっ
ちょっとヘコむ
ド、ドリンクとってくるね
誰!?
かおるよ
モデルさん!?
久しぶりね

あ、あの
かおるちゃん!?
えっ…
うそっっ…
高校の時、一緒に図書委員をしてた、マジメ一直線の!?
太宰が好き♡
へーっ
すっごくきれいになったね
別人みたいモデルさんかと思った…
えみちゃんは変わらないわね〜
すぐにわかったよー♡
何をどうしたらそんな風になれるの?
魔術?
魔法なんて使ってないわよ
誰が魔女やねん
クローゼットを片づけただけ
フフフ
どういうこと…?

# CONTENTS

## CHAPTER 01 クローゼットの片づけ方



## CHAPTER 02 美人のクローゼットをつくる

## CHAPTER 03
## 運命の人が見つかるモテコーデ

## CHAPTER 04
## なりたいスタイル別コーデ

## 巻末付録

# CHARACTER

## えみ（28）

おしゃれが苦手な事務職OL。優柔不断で人の意見に流されてしまう。服も、店員にすすめられたものを買いがち。

## かおる（28）

えみの同級生。学生時代は地味な存在だったが、たまき先生に出会い、おしゃれ美人に変身した。

## みちる（30）

結婚願望が強い、ぶりっ子OL。かわいい見た目でモテ人生を送ってきたが、アラサーになってからパッとしない。

## あすか（26）

マジメな優等生タイプ。持っている服は白・黒・グレーばかり。ダサいとバカにされたのをきっかけに、おしゃれの勉強を始める。

## たまき先生

パーソナルスタイリストで、「美人のクローゼット」の講座を開催。お見合いパーティーで男性票を総ナメにした武勇伝を持つ。

# 1

# クローゼットの片づけ方

たくさんの服でパンパンなのに「着ていく服がない」。そんなクローゼットに詰まっているのは、おしゃれに対する迷い。今の自分に必要な服だけを残し、稼働率100%のクローゼットにしましょう。

その日の夜
あ～
つかれた
ポイ
着がえよう!!
それにしても…
かおるちゃん
美人になってて
びっくりしたな～
クローゼットを片づけたら美人に…
そういえば
そんなこと
言ってたな
よし！
さっそく
聞いてみよっ
え～っと
アドレスは…
今日はありがと！
かおるちゃん、美人になっててびっくり！
そんなことないよ～
で、かおるちゃんのクローゼットのこと知りたいんだけど…
クローゼットから「美人度を下げる服」をなくすの
そうすればどの服を着ても、いつも美人でいられるでしょ？
なるほど～
ポチポチ
それって
私にも
できるのかな…

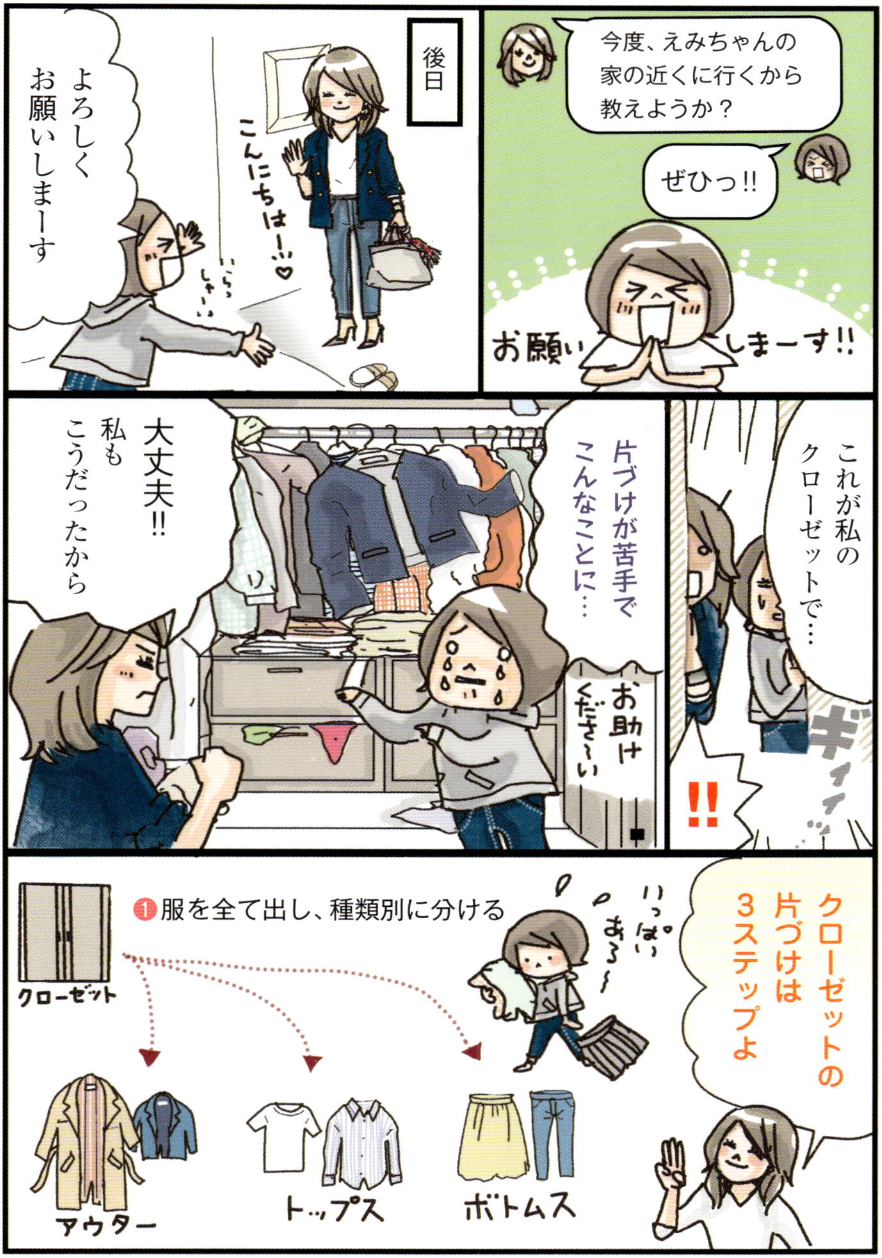
今度、えみちゃんの家の近くに行くから教えようか？
ぜひっ!!
お願いしまーす!!
後日
こんにちはー!!♡
いらっしゃーい
よろしくお願いしまーす
これが私のクローゼットで…
ギィィ…
!!
片づけが苦手でこんなことに…
お助けくださ～い
大丈夫!!
私もこうだったから
クローゼットの片づけは3ステップよ
いっぱいある～
❶服を全て出し、種類別に分ける
クローゼット
アウター
トップス
ボトムス

❷今、着ている服をクローゼットに戻す
これは仕事で必要
このスカートはよくはいてる
仕事やプライベートで着ている服を戻してね
ふ～戻すところまでできた～
おつかれさま～♡
ちょっぴり
…でも、こうしてみると
今着てる服って少ないんだな～
アワワ
どっさり
残るはあの山か…
❸残りの服を仕分ける
残った服は3つに分けるのよ
戻す
保留
戻さない（手放す）
迷ったらひとまず保留箱に入れてね！
保留箱
どんどんわけるのがポイント!!

どう？
ん～…
戻す服が多くて…
ごっちゃり
こんなに…
アレレ…
それを戻したら元のクローゼットに戻るわね
クローゼットに戻すのは「着て出かけたくなる服」よ!!
一緒にチェックよ!!
はい～
お気に入りで…
毛玉だらけよ
手放す!
着回しやすいし…
もうヨレヨレよ!!
手放す!
これはまだ数回しか着てなくて!!
まだ着られるカモ～!!
…
迷ったらいいわよ着てみると
そーする♥
………
にあわない…
手放します…
それがいいわね
こうして夜まで仕分けは続きました
手放す!!
これは
これは

## クローゼットを見直せば、美人になれる

クローゼットに服がパンパンに詰まっている人は、美人になるチャンスを逃しているかもしれません。

クローゼットに詰まっているのは、「捨てられない昔の服」や「なんとなく買ってしまった服」「着こなせない服」など。これらはみんな「おしゃれの仕方がわからない」「自分は何が着たいのか、わからない」という、おしゃれの迷いです。

クローゼットにイマイチな服が詰め込まれていると、毎日の服選びに迷ってしまいます。時間がないと妥協して、イマイチの服を着ることにもなり、美人になれません。

一方、クローゼットに好きな服や自分の魅力を引き出してくれる服だけが入っていれば、毎日の服選びが楽しくなります。自分が輝いて見える服を着ていると、自然に立ち居振る舞いも美しくなり、人にほめられたり、やさしくされることが増えてきます。それが自信につながり、さらにおしゃれがしたくなるという〝美のスパイラル〟に入り、どんどん美人になっていけるのです。

クローゼットを整理しながら、おしゃれの迷いをなくしていくと、空間がきれいになるだけでなく、美人になれるのです。

## クローゼットを整えると…

イマイチな服でいっぱいのクローゼットを片づけると、服選びに迷わない、コーデ上手なおしゃれ美人になれます。

### 似合う服だけだから、服選びに迷わない！

似合う服だけを厳選しているから、どの服を着ても美人になれます。流行よりも、着た時に美しく見えるかを選ぶポイントに！

お気に入りの服も、年齢やライフスタイルの変化とともに似合わなくなる時期が来ます。「気のせい」と見逃さず、今の自分にふさわしい服だけを収納しましょう。

### 服がすぐに見つかるからコーデしやすい

アイテムや色別に指定席を決めて収納すると機能的。着たい服がすぐに見つかり、コーデを考えるのもラクになります。

## クローゼットの片づけ方

クローゼットをきれいに片づけるには、まず「イマイチな服」を追い出す必要があります。

次の手順で「イマイチな服」を見つけ、手放しましょう。

①クローゼットから服を全部出す

「スカート」「シャツ」などのアイテム別にまとめ、何がどれだけあるかを把握します。

②今、着ている服を戻す

仕事用や休日用など、TPO別に必要な服を考え、クローゼットに戻します。

③残りの服を仕分ける

残りの服を「戻す」「手放す」「保留」の3つに分けます。何年も着ていない服、汚れやシミが付いている服、なりたいイメージに合わない服などは手放しましょう。迷ったら保留箱に入れてもOK。1カ月や半年など、期間を決めて再検討します。

④使いやすく収納する

アイテム別や色別などで服の指定席を決めると、服が選びやすくなります。オンシーズンの服は吊るし、オフシーズンの服はたたんで収納します。衣替えの時期に入れ替えると便利です。

## 片づけを成功させる秘訣

「捨てる服を決めなければならない」というプレッシャーを感じると、「まだ着れるし…」と判断が甘くなりがち。失敗しない秘訣をマスターしましょう。

### 3秒で決断し、迷ったら保留箱へ

クローゼットに戻すか、手放すかは3秒で判断し、迷ったら保留箱へ。悩みながら服を持っていると愛着が湧いてしまい、正しい判断ができなくなります。

長い時間、服を触らないのがポイント

もう着ないけれど、思い出があって捨てられない服は「思い出箱」を用意してそこに収納しましょう。見るだけで気分が上がる服は、残してもOKです。

### 一度にやらず アイテムや時間で区切る

服を全部出す時間もスペースもない場合は、「シャツ」「スカート」など、アイテムを絞って片づけてもOK。

1週間くらいで全体が片づくように計画を立てましょう

30分など、時間を決めて取り組むのも◎。ムリなく続く工夫をしましょう。「終わったらケーキを食べる」など、ごほうびを用意するのもおすすめです。

### 手放し方のコツ①

# おしゃれ度を下げるアイテムを手放す

「まだ着れる」などの理由で捨てられなかった服。それをクローゼットに「戻すか」「手放すか」を判断するのは意外と大変で、ストレスのかかる作業です。

まずは手放すことに慣れるため、おしゃれ度が下がる傷んだ服から手放しましょう。これなら判断しやすく、スムーズに進められます。

・えりやそで、脇などの汗ジミが取れない
・落ちない汚れがある
・毛玉がたくさんある
・そで口やすそがすり切れている
・穴があいている

こうした服は、うっかり着てしまうとだらしなく見え、美人度を下げてしまうので迷わずゴミ箱に。

次は、多少ヨレっとしているけれどラクだから、デザインは気に入らないけれど、まだ着られるからなどの理由で捨てずにいた服を手放しましょう。

こうした服は「部屋着にすればいい」「家の中なら誰にも見られないし」と考えがちですが、ヘンな部屋着では気分も上がりません。「もうこの服は着ない」と思ったら、いさぎよく手放しましょう。

## こんな服に注意!!

「もったいないから」と大事に保管していても、着る機会がない服はただの布と同じ。「いつか着るかも」を手放せない言い訳にするのはやめましょう。

「この服が着られるのは何年後?」と想像してみて

### やせたら着ようと思っている服

服のトレンドはどんどん変わります。「やせたら着よう」と思っている服は、時代遅れになる可能性も。今着れないものは、いさぎよく手放しましょう。

サイズが合わない服は、タンスのこやしになりがち。スペースをムダにしないよう早めに捨て、今の自分に似合う服を収納するようにしましょう。

### 着こなしにくい難易度の高い服

すそがアシンメトリーな服、派手な色や変わった素材の服など、難易度が高くてうまく着こなせないアイテムは手放しましょう。

冒険しすぎた服は、着こなすのが難しい

自分ではいいと思っていても、端から見たら「似合ってない」ものもあるかも。おしゃれ上手な友人にアドバイスをもらうのもおすすめ。

≫ 手放し方のコツ②

# 似合う一軍の服だけに絞る

傷んでも汚れてもいない、サイズも合っている服は、手放すかどうかで迷うでしょう。そのようなアイテムは、とりあえず一度着てみましょう。そして、全身が映る鏡で自分を見て、その服が今の自分を素敵に見せてくれるかを判断します。「少し太って見えるかも」「若作りしているように感じる」「色が派手すぎて、服だけが浮いて見える」など、イマイチだと感じたら手放します。

鏡を見ても判断がつかない時は、アイテムを着た姿を撮影するのもおすすめ。画像にすることで、客観的に自分を見ることができ、判断しやすくなります。

もし、似たような服を何枚も持っていたら、一番のお気に入りだけを残すようにしましょう。クローゼットのスペースは限られているので、一軍の服だけに絞るのが大切です。また、ブランド品などの「高かった服」は、似合わないとわかっていても手放しがたいもの。状態がよければ、服の査定をしてくれるお店などを利用するのもいいでしょう。しまいっぱなしになるより誰かの役に立つ方が、服もうれしいはず。人に譲ったり、ネットフリマなどを活用するのもおすすめです。いらない服を手放せば、今の自分にぴったりのクローゼットになります。

## 迷う服はここをチェック！

一軍の服かどうかを客観的に判断するのは難しいもの。迷ったら一度着てみて、いろんな視点からチェックしましょう。

□スタイルよく見えるか
□顔映りがいい色か
□年齢にあうか　など

### 鏡の前で細かくチェックする

迷った服を着て鏡の前に立ち、「スタイルアップするか」「肌がきれいに見えるか」など、細かくチェック。OKなら一軍、そうでなければ手放すか保留箱へ。

普段から「この色だと顔色がよく見える」「Vネックだと顔がシャープに見える」など、似合うポイントを言語化すると、必要な服の判断基準ができてきます。

外出は
ちょっと…

ためらうような服は手放しましょう

### その服で出かけたくなるか

着ると気持ちが上がる服が、一軍の服。その服を着て「外に出かけたくなるか」を判断の基準にするのもおすすめ。いつも着たいと思える、お気に入りだけを残しましょう。

# 手放す服をチェックして、ムダ買いを予防

手放す服が決まったら、クローゼットはずいぶんすっきりしているはず。この状態をキープするには、今後ムダな服を買わないことが大切です。

そのため、「もう着ない」と決めた服を手放す前にチェックし、自分の買いグセを考えてみましょう。

カジュアルやガーリーなど、服のテイストが似ている、ネイビーやベージュなど同じ色が多い、デニムやパンツばかりでアイテムが偏っている…という風に、何らかの特徴が見えてきたら、再び同じような服を買いすぎないよう、注意を。

また、そうした服をなぜ買ってしまうのかを考えることも大切です。買った理由やどこに着ていったのか、その時どんな気分だったのかを思い出してみましょう。「彼と別れてから出かけることが減って、おしゃれよりラクな服ばかり買っていた」「女性らしい服は似合わないと友達に言われ、カジュアルな服ばかり着るようになった」など、隠していたネガティブな感情が見えてきて、自分の買いグセの理由に気づくかもしれません。

ムダな服でクローゼットをいっぱいにしないように、「これからは美人になるんだ」と宣言し、着ない服と〝美〟を妨げるネガティブな感情を手放しましょう。

## ルールを決めて、うっかり買いを予防する

きれいなクローゼットをキープするために、リバウンドしない買い方を習慣にしましょう。

---

### 1アイテムにつき3種類は比較する

色違いやデザイン違いなど、3種類は着比べて、より美しく見える服を選びましょう。店員さんに遠慮せず、どんどん試着してみて。

服は、実際に着てみるとわかることがたくさんあります。サイズが合っているか、顔映りがいいか、シルエットはきれいかなど、細かくチェックしましょう。

### クローゼットの入り口を狭くする

「1枚買ったら1枚捨てる」など、買い物のルールを決めましょう。気軽に買ってしまうのを防ぎ、本当にほしい服だけを選べるようになります。

買う前に「似た服を持ってない？」と振り返ってみて

## 残した服でおしゃれを楽しむ

片づけが終わったクローゼットには、今の自分に必要な服だけが残っています。以前より数が減って、「コーデの幅が狭くなるのでは」と思うかもしれません。でも服が少ない＝おしゃれできない、のではありません。余計な服がなくなった分、コーデを考えやすくなっているはずです。

クローゼットに残した服で、通勤時や買い物時など、シーン別にコーデを考えてみましょう。新しいコーデを思いついたり、週に5日会社に行くのに、通勤用のコーデが2パターンしかないなど、手持ちの服の偏りに気づくかもしれません。

そして、ジャケットに合わせるカットソーがあれば、通勤コーデが増えるなど、必要な服が何かが見えてきます。それらをリストアップし、買い足す候補にしましょう。

また服は、消耗品と考えて着倒しましょう。お気に入りを「ここぞ」という時だけ着て、服がくたびれないようにしても、1年後もそれが変わらずに好きか、自分に似合うかもわかりません。

自分の好みもトレンドも、どんどん変わっていきます。気に入っている服こそ、旬なうちにたくさん着て、おしゃれを楽しみましょう。

## 少ない服でもおしゃれを楽しむコツ

アイテムごとにいろんな着回しを考えてみましょう。バッグや靴など、合わせる小物でもイメージは変わります。

### 1アイテムで3パターン考える

ボトムスならトップスを変えて、3パターンの着回しを考えてみましょう。カジュアル・きれいめなど、テイストも変えられると◎。

着回しやすい服があると便利！

「通勤に」「ご近所の散歩に」「お出かけに」など、TPO に応じて使える着回しを考えると、コーデの幅が広がります。

合わせるアイテムで雰囲気を変えましょう

### 同じ服でもOK！ それが自分スタイル

「いつも同じ服になってしまう」と悩む人もいますが、あなたを素敵に見せてくれるなら、同じ服を着倒してもOK。自分の基本スタイルにしましょう。

## TAMAKI'S COLUMN
# お茶会フリマで服を手放す

私は、モノには執着しないタイプなので、服を手放すのは得意な方だと思います。仕事柄、服がすぐに増えてしまうので、サロンで定期的にお客様たちとのお茶会＆フリマ♡をし、服を整理しています。

まだまだ好きで着れるけど、もう今の私にはしっくりこない服を、思い切って手放します。服もクローゼットに眠ったままより、みなさんに着てもらえる方が喜ぶ♡と私は考えています。

私の服を着て、お客様たちがまた会いに来てくれたりするのもうれしいし、私よりもみなさんの方が似合う服もけっこうあるのです（笑）。

フリマの後はお茶会をして、美容やファッション、最近感じたことなどをお話します。みなさんと交流できる大切な時間です。

OLとして働いていた時も服が好きで、次から次へと買っていました。その頃、服を手放すのに利用していたのはオークションサイトです。ランチ代になればいいやと思って、定価の1/4くらいの値段をつけていたかな？ 売れ残らないように、オークションで人気のあるブランドを意識して買っていました（笑）。今はいろいろなフリマサイトがあるので、服を手放す手段におすすめです。

# 2

# 美人のクローゼットをつくる

クローゼットがすっきりしたら、なりたい自分になるための服を加えましょう。セルフブランディングと似合う服の法則で必要な服を見つけ、何を着ても美人になるクローゼットに！

よしっ
今日はこれ！
クローゼットを片づけたら着る服に迷わなくなった!!
…と言っても着る服が少ないんだけど
スカスカ
おまたせ！
私もかおるちゃんみたいにおしゃれしたいけど…
新しい服を買ったら？
でも店員さんから…
おすすめですよ～っ
売れてますよ～!!
って言われると何でも買っちゃいそうで…
ま、また来ます～
スタコラサッサ
本気でおしゃれしたいならいい先生を紹介するわよ
はい、名刺
おしゃれの先生？
後日
Salon
あ、ここだ
どんな先生だろう
ドキドキ

みなさん
こんにちは〜
まぶしい…
キレ〜ッ
スチャッ
今日から
みんなで
美人のクローゼット
をつくっていきましょう
美人のクローゼットとは
「今と未来のための服」が
そろっているもの
たまき先生
パーソナルスタイリストで、おしゃれセミナーの講師
まずはみなさんの
「こうなりたい」という目標を
教えてください
私は大人かわいい感じ!!
キャッ
モテ系がいいな〜
わかいな〜っ
みちる（30）
結婚に憧れている、ぶりっ子OL
私は知的で上品な感じ
キッチリ
女子アナ風を希望します
就活みたい…
あすか（26）
おしゃれを学びにきた、マジメOL

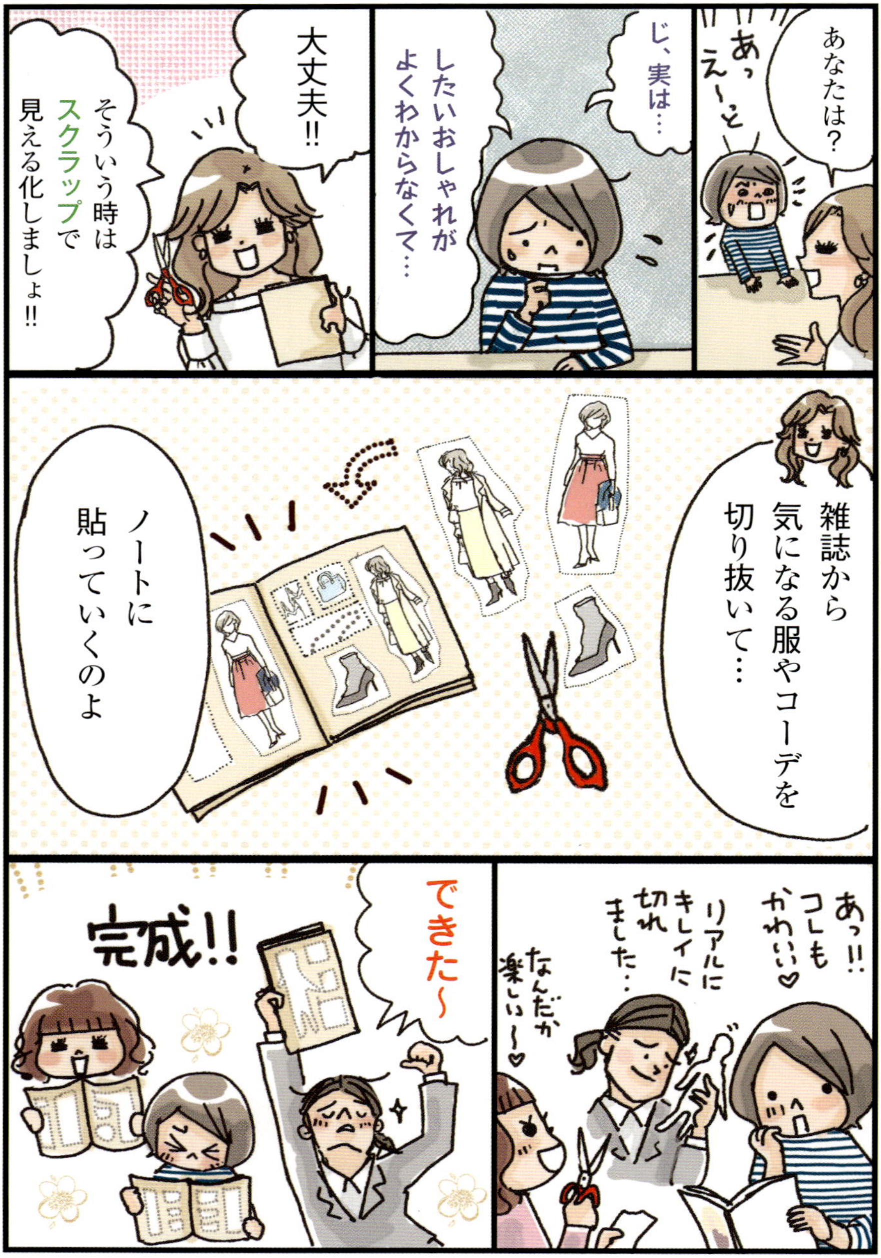
あなたは？
あっ えー〜と
じ、実は…
したいおしゃれがよくわからなくて…
大丈夫!!
そういう時はスクラップで見える化しましょ!!
雑誌から気になる服やコーデを切り抜いて…
ノートに貼っていくのよ
あっ!! コレもかわいい♡
リアルにキレイに切れました…
なんだか楽しい〜♡
できた〜
完成!!

これが私の好きな服…
フェミニン系が好きなのね!!
こうしてみると好きなファッションやイメージが見えてくるわ
好きなポイントをメモするのもおすすめよ
ネックレスがアクセントに♥
レースのスカートって女性っぽくてイイネ♥
なるほど〜、
またねー、
ペコリ
あっ、この服かわいい!
ちょっとよってこ〜っと
何かお探しですか?
こういうの探してて〜っ
ほしいものがわかると買い物も楽しい!

## 美人のクローゼットをつくる

クローゼットを整えると、もっとおしゃれがしたいという気持ちになります。スカスカになったクローゼットに「自分を素敵にするもの」を足して、美人のクローゼットをつくりましょう。

しかし、「自分を素敵にするもの」といっても、具体的にどんなおしゃれをしたいのか、どんな風に見られたいのかがわからないと服が選べません。

おしゃれのビジョンがはっきりしない人は、「自分の好きなイメージを知る」ことから始めましょう。

ファッション雑誌などから自分が好きなコーデやアイテムを切り取ってノートに貼ったり、憧れのタレントのどんなところが好きなのかを分析したりすると、「自分はどんな風に見られたいのか」が具体的になります。

そして「こうなりたい」という目標が決まったら、ゴールに向かって少しずつ必要なアイテムをそろえ、髪型やメイクも理想に近づけていきましょう。

目指すものがはっきりすると意識が変わり、行動も変わってきます。見た目だけでなく、内面やライフスタイルも充実し、より素敵な自分になっていくはずです。

## ファッションで「理想の自分」を引き寄せる

なりたい自分のファッションをするだけで、「理想の自分」に近づくことができます。服の力を上手に使いこなしましょう。

### なりたい自分を服装で見える化する

人は、着ている服でその人のパーソナリティーをイメージします。「こう見られたい」という要素を取り入れた服で、周囲に与える印象を変えましょう。

ジャケットをシャープに着こなして、仕事ができる女性に。ミニスカートにロングブーツで、キュートで元気なイメージになるなど、変化を楽しみましょう。

### 理想の服を着ることでなりきりスイッチを入れる

理想の自分になりきるのも大切。服装に合った立ち居振る舞いを心がけていると、自然に内面も理想に近づいていきます。

セルフブランディング①

## 「なりたい自分」を見つける

自分と向き合い、個性や魅力、理想を知ると、どんなファッションをすればよいかがわかります。一方、自己分析ができていないと、キャリア志向なのにかわいらしい印象の服を着てしまい、周囲に「腰掛けタイプね」などと誤解されることも。自分の理想を実現していくためには、内面・目標とファッションが合っていることが大切です。

自己分析をする時は、まず自分の強みと弱みを書き出しましょう。内面・外見のどちらでもOK。友達や家族に聞くのもおすすめです。自分の個性や魅力がわかると、それを高めるファッションを選べるようになります。

また、3～5年後に自分がどうなりたいかを知ることも自己分析の1つ。「私は3年後に結婚し、新居を購入して暮らしている」「資格を取って転職し、プライベートでは旅行を楽しむ」など、理想のライフスタイルを明確にします。そして、それを実現した自分はどんなファッションをしているか、イメージしてみましょう。その服装をファッションプランに取り入れると、行動や内面もそれに合うものに変わり、夢がかないやすくなるのです。「なりたい自分」を知り、ファッションのアイデアを練りましょう。

## なりたい自分を見つける方法

自分の長所や短所、将来の夢を文字にするのは難しいもの。過去を振り返ることや、理想の未来を思い描くことから始めましょう。

### 強みと弱みを見つけ、自分の魅力に気づく

外見や内面の強みと弱みを出してみましょう。印象に残っている出来事を思い出すと、見つけやすくなります。弱みはポジティブ変換し、自分の魅力に変えていくと、個性を活かしたファッションを見つけやすくなります。

例

強み

- 友達が多い
  → 社交性がある
- 学校で皆勤賞をもらった
  → 健康で努力家
- 色白だとほめられたことがある
  → 肌がきれい

弱み

- 頑固だと言われたことがある
  → 意志が強い
- 背が高すぎる
  → モードな服も着こなせる
- 一重がコンプレックス
  → クールに見える

### 憧れのライフスタイルを書き出す

「2年後にはFPの資格を取る」「結婚したら海の近くに住む」など、理想の暮らしを書いてみましょう。それにふさわしい自分になろうという気持ちになれます。

未来の自分の1日の過ごし方や、1週間・1ヵ月・1年のスケジュールを書いてみるのもおすすめ。理想の暮らしの輪郭がくっきりします。

セルフブランディング②

# スクラップで「好き」を探す

自己分析をして、未来の自分を思い描いたら、次はそんな自分にふさわしいファッションを見える化しましょう。

まず、ファッション雑誌とハサミ、のりとノートを用意します。雑誌から素敵だなと思う服やバッグ、靴などを切り抜きましょう。インターネットから画像を探すのもおすすめです。

集めたものをノートなどに貼ると、自分はどんなテイストが好きなのか、どんな色が好きなのか、どんなものに憧れているのかがわかります。さらに、なりたい自分のファッションにふさわしいかもチェックし、いいと思うものを残します。

また、選んだものに一言メモを書き込むのもおすすめ。

「持っているピンクのシャツと合いそう」などのコーデ案や、「デニムをロールアップするとバランスがいい」といったマネしたい着こなしなど、写真を見て気づいたことを書き込むのです。

切ったり、貼ったり、書いたりすると、ただ見ているだけより印象に残ります。さらにできたものを頻繁に目にすると、自分がするべきおしゃれが頭の中にインプットされ、買い物にも役立ちます。

## スクラップのつくり方

スクラップをつくると、「なりたい自分」のイメージを具体的に認識できます。イメージをしっかり固めると、スムーズに服が選べるようになります。

### 1 憧れライフを描いた雑誌を用意する

スクラップに使う雑誌は、自分の好きなテイストや、未来の自分のライフスタイルに合うものを選びましょう。

自分がモードなスタイルを目指しているのに、カジュアルなテイストの雑誌では参考になりません。P135のリストを参考にして、雑誌を選びましょう。

### 2 好きな服やアイテムを切り抜き、ノートなどに貼る

### 3 キャッチフレーズもコラージュする

ファッション写真だけでなく、いいなと思うキャッチコピーがあったら、切り取って貼りましょう。服と同様に、なりたい自分をわかりやすくする効果があります。

スクラップした紙をクローゼットの扉に貼り、なりたい自分の服がそろっているかを確認するのもおすすめ。スマホで撮影し、買い物の参考にするのも◎。

## セルフブランディング③

# 憧れを分析し、マネから始める

自分が憧れている人物から「なりたい自分」を見つけることもできます。

まず、憧れの女性を３人選びます。芸能人でも身近な人でもＯＫ。次に、それぞれのイメージやどんなところを取り入れたいのかを書いてみましょう。

憧れの３人を並べてみると、全く違うキャラクターが混ざっていることもあるでしょう。例えば、クールで知的な印象の栗山千明さんや滝川クリステルさんの名前の下に、親しみやすいイメージの新垣結衣さんの名前がある。クールと親しみやすさは、目指す方向が逆です。

こんな時は「私は、本当はどう見られたいか」を自分の心に問いましょう。周りの人がいいと言っていたものを、無意識に自分の理想にしている場合も多いのです。本心に耳を傾けると、クールな印象よりも親しみやすさを求めているなど、自分の本音が見えてきます。すると「知的な雰囲気を備えながら、親しみやすいかわいらしさを持つ女性を目指そう」という具合に、目標がはっきりしてきます。

目標が決まったら、同じ印象を持つ人をマネしてみましょう。完全にその人になるのはムリでも、外見やしぐさをマネすればイメージに近づくことができます。

## 理想の人物をマネする方法

まずは、ヘアやメイクからマネしてみましょう。憧れの人物の中で、自分に顔や体型が似ている人からマネするのもおすすめです。

### ヘアとメイクのマネから始める

美容師になりたいヘアの画像を見せるだけでなく、「やさしい」「ゴージャス」など、自分のなりたいイメージを伝えると、それを踏まえた髪型になれます。

メイクを知りたい人は、コスメカウンターで相談するのもあり！ なりたいイメージに合うメイクをしている美容部員に、アドバイスをもらうのも効果的です。

### 自分に似ている人からマネしてみる

憧れの人がたくさんいたら、顔や体型が似ている人を目標に決め、ファッションやメイクなどをマネしてみましょう。最短でなりたい自分に変われます。

目元など、パーツごとにマネするのもOK

講座の日
わっ
雰囲気変わったね～
服の大辞典
スクラップつくってからおしゃれが楽しくて
クローゼットに貼ってコーデを考えてるよ
いい調子ねでは…
うんうん
今日のテーマは
「服の力で夢をかなえる」よ!
人は着ているものでその人の人となりを判断しがち
お嬢さま
キャリア系
夢をかなえた自分をイメージする服を着ると
キャリアアップ!
自分の振る舞いも周囲の見る目も変わって…
この企画たのむよ
昇進!!
その結果、夢がかなうのよ!!

じゃあ あすかさん 3年後は どうなって いたい？
上司にも 部下にも信頼される 女性…
ですかね・・
フムフム
人望のある キャリア女性が 着そうな服は…
こんな感じ かしら
似合いそう！ 着てみたら？
ステキ!!
ム、ムリです…
にあう わけ ない・・
私なんて… どうせ…
「私なんて」は禁止よ!!
「でも」もNG!!
「こうなりたい」っていう気持ちに ブレーキをかけるわ
でも…
じゃあ 服を 着る前に
私が 魔法を かけてあげる
魔法？

ヘアとメイクを変えるだけでもセルフイメージは大きく変わるわ
前髪こうして
チークとリップを…
こんなのはどう？
これが…私…
ステキ!!
スゴーイ♡
女性の印象はヘアが5、メイクが3の割合で決まるの
さぁ、服で仕上げましょ
そして…
ど…どうでしょう…
わぁ〜!!
別人みたい！
頼れるOLって感じ!!
ステキ♡
あ、ありがとうございます
あらあら
実は私、子どもの頃から地味な服しか着たことなくて…

おしゃれには興味あったんですけど…
あーゆーの着てみたい
あなたにはこーゆーのがいいのよ
どうせ似合わないって言われて、あきらめちゃって…
大人になっても地味な服しか選べなくて…
会社ではカタブツって思われちゃって…
でも、新しい服を着たら新しい自分を発見できました!!
自信がつきました!!
コレも着てみる?
ハイッ!!
3年後の自分かぁ…
キャリア?
主婦?
後日
私もあのジャケット着たらほめられてー
スゴーイっ
こんにちはー
あすかちゃん!?
新しいワタシ!!

# 未来のための服を最短で選ぶ方法

「なりたい自分」に導いてくれる服を買いに行く時は、事前にネットでリサーチをしておきましょう。

例えば「女性らしく見せたいから、ピンクのブラウスがほしい」という場合。ピンクのブラウスといっても、さまざまな素材やデザインがあります。こういう時は、ネット検索でいろいろなデザインを見て、「とろみ素材でノーカラーのブラウスがほしい」など、具体的に絞り込んでおくと、買う時に迷いません。

さらに、ほしいアイテムを扱っていそうなブランドのサイトもチェック。近くに取り扱い店舗があるか、サイズ展開がどうなっているかなども調べておくと便利です。

買い物に行く時は、ほしいアイテムに合わせる予定の服を着てお店へ。試着で合わせてみると、コーデに失敗しません。また、お店は高めのブランド→プチプラブランドの順でまわります。高級ブランドはセンスも一流。ディスプレイから着回しのアイデアを取り入れ、その後に予算に合ったブランドへ移動します。

気になるアイテムを取り扱っているブランドサイトを見て、どれを試着するかリストにしておくと、スムーズに買い物できます。

## イメージ通りの服を見つける方法

なりたい自分のイメージが絞り込めたら、それに合う服を選びましょう。ぴったりの服を見つけるコツを紹介します。

キャリアOLに見えますか？
fitting room

### その服を着た自分はどんな風に見える？

ほしい服を試着したら、その服を着た自分を見て、周りに与える印象や、どんな人物に見えるかを考えましょう。販売員に意見を求めるのもおすすめ。

販売員には、服が似合うかどうかではなく、「服を着た自分がどんな風に見えるか」を聞いて、なりたい自分に見せるためのアドバイスをもらいましょう。

### 検索ワードでリサーチをする

「セレブ　ママ」など、なりたいイメージのキーワードで画像検索し、アイテムを探しましょう。見つけたファッションスナップを、コーデの参考にするのも◎。

NY セレブ
海外のスナップショットを着こなしの参考に！

# 「私なんて」と考えるのをやめ、自分を好きになる

「なりたい自分」のイメージにぴったりな服が見つかっても、「私なんて…」と着るのをためらう人がいます。

自分に自信がない人は、黒や紺などの「無難な服」を選びがちです。そして、憧れる人が着ているような服は「自分には似合わない」と決めつけていることも。

目が小さい、お尻が大きいなど、細かなパーツを人と比べて「こんな私に、素敵な服が似合うはずがない」「どうせ私にはムリ」と卑下してはいけません。自分のことが嫌いなままでは、魅力的な人にはなれません。

そんな気持ちは捨てて、美点も欠点も含め「こんな私も悪くない」と受け入れて、自分を愛するようにしましょう。あなたが欠点だと思っていることも、見方を変えれば長所にも、個性にもなります。今の自分を受け入れて、「私もきれいになっていいのだ」と美人になることを許しましょう。

そして、いきなり服を変えるのが恥ずかしければ、ヘアアレンジを変えたり、口紅の色を変えたりして、ウォーミングアップするのもよいでしょう。最初は恥ずかしさを感じるかもしれませんが、徐々に慣れ、新しい自分を楽しめるようになるはずです。

# 自分がきれいになることを許しましょう

外見を磨くことは、悪いことではありません。美人になりたい気持ちに素直になって、おしゃれを楽しみましょう。

## イメチェンが不安な人は髪型やメイクから

ヘアアレンジやメイクなど、小さいところから変えてみましょう。見た目の印象が変われば、違うタイプの服も違和感なく着こなせます。

前髪を上げると、表情がはっきり見えて明るい雰囲気に。口紅をローズピンクなどの明るい色にするだけで、華やかなかわいらしさが生まれます。

鏡に全身を映し、いいところを見つけて

## 自分にダメ出しをしない

人と比べて「ここがダメ」と自分にダメ出ししていると、暗い印象に。自分を好きになり、内面から輝く美人に！

# 似合う色を見つけて美人になる

似合う色とは、肌や瞳・唇・髪の色と調和し、自分を美しく見せてくれる色のこと。これを「パーソナルカラー」といいます。

パーソナルカラーはスプリング（春）、サマー（夏）、オータム（秋）、ウインター（冬）の４つのグループに分かれます。

パーソナルカラーアナリストが診断する時は、ドレープと呼ばれる色布を使います。１００枚以上の色布を顔にあてながら、どのグループに属するかを診断します。

素人がプロ並みに似合う色を見つけるのは難しいですが、本書のカラー診断シート（↓Ｐ１３８～）を使えば、誰でも簡単にパーソナルカラー診断ができます。診断は、カラーシートの上に手を置いてチェックするだけ。自分の肌が一番きれいに見える色のグループが、あなたのパーソナルカラーです。

パーソナルカラーが入った服を身につけると、肌にツヤや透明感が出て、瞳がイキイキし、髪はツヤやかに見えます。全体の雰囲気がよくなるので、周りの人に好感を持たれやすく、美人度がアップします。

似合う色をコーデに取り入れて、自分の魅力を引き出しましょう。

## パーソナルカラーを診断してみましょう

P138～のカラー診断シートを使って、パーソナルカラーを見つけましょう。
※スプリング（春）～ウインター（冬）のどのグループかは、シートの下に書かれています。

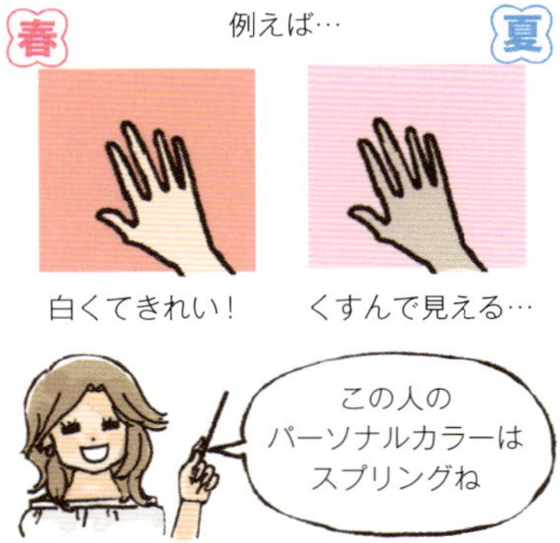


### 夏→秋→春→冬の順に見比べる

シートの上に手を置き、肌の見え方をチェックします。手のシミやくすみ、シワが気にならず、肌がきれいに見えるシートが、あなたのグループです 。

ネイルをしていると、肌の見え方に影響するので、手をグーにして置きましょう。わかりにくければ、シートを顔の横や目の下にあてて、顔が一番きれいに見えるものを選んでもOKです。

### 正しく色を見るため白い照明の下で診断する

診断する時は、照明の色に注意。オレンジがかった照明だと見え方に影響が出るので、白い色の照明の下で行いましょう。

## 明るく透明感のある色が似合う

春に咲く花や、フルーツのような明るい色が似合います。かわいらしいイメージの人が多いグループです。大人っぽくしたい時は、ベージュやキャメルをベースに、明るい色を足すのがおすすめ。

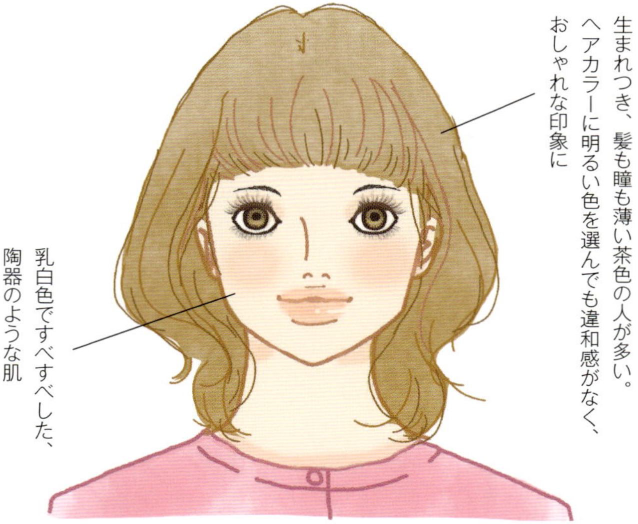
生まれつき、髪も瞳も薄い茶色の人が多い。
ヘアカラーに明るい色を選んでも違和感がなく、
おしゃれな印象に
乳白色ですべすべした、
陶器のような肌

### COLOR

ベーシック

### MAKEUP & HAIR

ファンデーション
アイシャドウ
チーク
リップ
ヘア

## SUMMER
サマー

### パステル調の涼しげな色が得意

涼しげなブルーや上品なラベンダーなど、やわらかな色が似合うのが特徴。多用すると印象がぼんやりしてしまうので、全体はベーシックカラーでまとめ、差し色にパステル系を使うと◎。

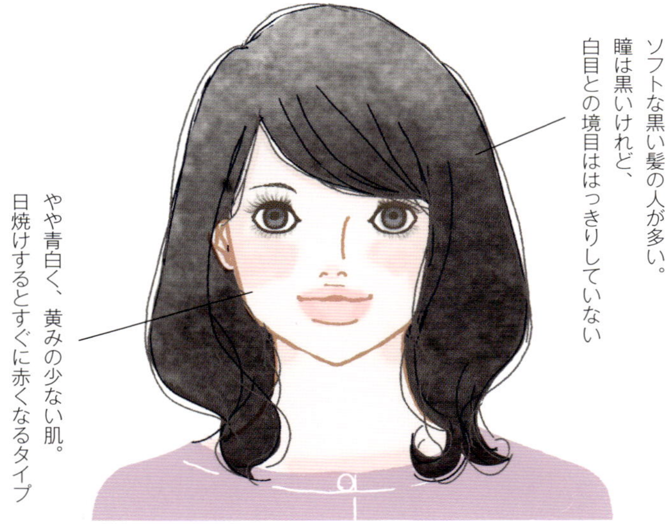

ソフトな黒い髪の人が多い。
瞳は黒いけれど、
白目との境目ははっきりしていない
やや青白く、黄みの少ない肌。
日焼けするとすぐに赤くなるタイプ

COLOR

ベーシック

MAKEUP & HAIR

ファンデーション



アイシャドウ

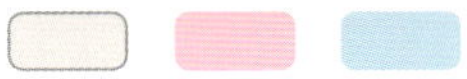

チーク

リップ

ヘア

## 大人っぽい深みのある色がぴったり

紅葉を思わせるオレンジやブラウンなど、シックで落ち着いた色が似合います。シンプルなファッションでも、地味にならずゴージャスな雰囲気に。

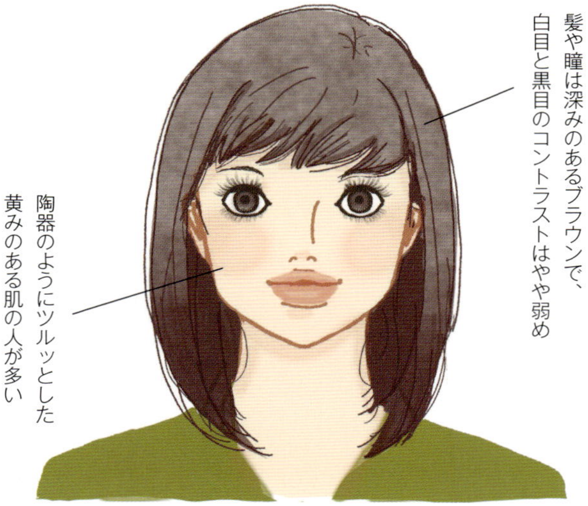
髪や瞳は深みのあるブラウンで、
白目と黒目のコントラストはやや弱め
陶器のようにツルッとした
黄みのある肌の人が多い

### COLOR

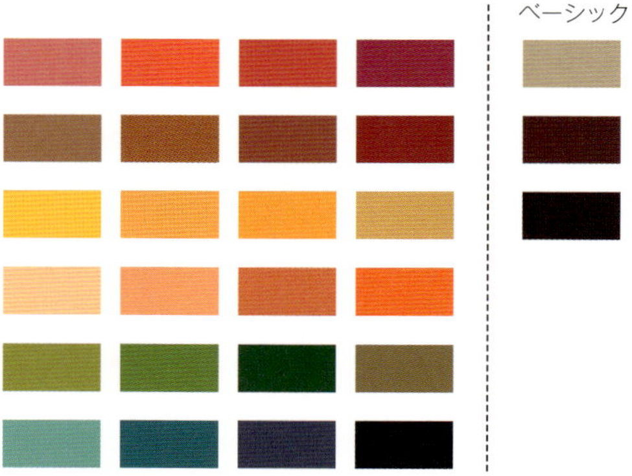
ベーシック

### MAKEUP & HAIR

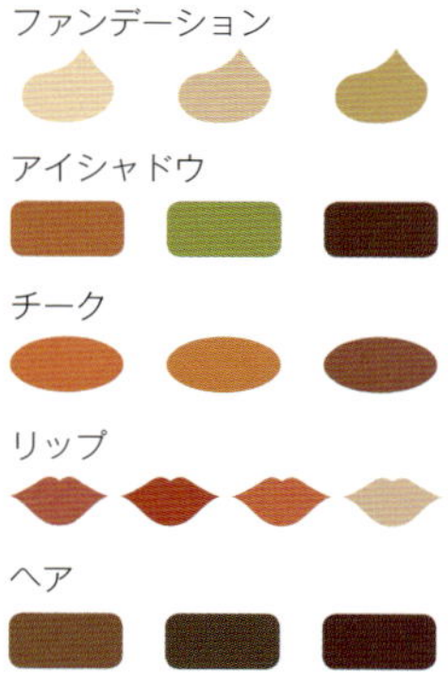
ファンデーション
アイシャドウ
チーク
リップ
ヘア

WINTER
ウインター

## ダークで華麗なカラーが似合う

モノトーンや原色など、インパクトのある色を着こなせるタイプ。華やかでヴィヴィッドな色を着ると、ミステリアスな美しさが引き立ちます。

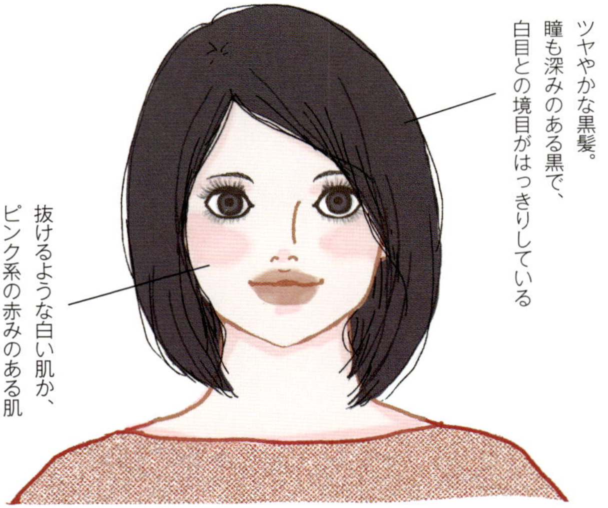

ツヤやかな黒髪。
瞳も深みのある黒で、
白目との境目がはっきりしている
抜けるような白い肌か、
ピンク系の赤みのある肌

COLOR

ベーシック

MAKEUP & HAIR

ファンデーション

アイシャドウ

チーク

リップ

ヘア

# 骨格から似合う服のテイストを知る

おしゃれな人は自分の短所をカバーし、長所が引き立つ服を選んで、スタイルや印象をよくしています。

骨格や脂肪の付き方は、人によってさまざま、それとリンクして似合う服のデザインや素材、柄も変わります。

例えば、肩幅が広く体に厚みのある人は、オーソドックスなテーラードジャケットが似合います。一方、上半身が華奢な人は、テーラードを着ると服に着られているような印象に。ノーカラーの女性らしいジャケットの方が似合います。

このように、自分の骨格タイプを知っていると服選びに迷わなくなり、自分の魅力を最大限に引き出せます。

この本では、骨格タイプを大きく3つに分けています。次のページの診断をもとに、自分のタイプをチェックしてみましょう。

- メリハリタイプ…筋肉質で体にメリハリがある、欧米型ボディ。すっきりとしたシルエットが似合います。
- ソフトタイプ…華奢で女性らしい、やわらかな体つき。フリルやドレープなど、ふんわりしたデザインが得意。
- スレンダータイプ…骨格がしっかりしていて、スラッとしたボディ。ゆとりのあるルーズなシルエットがハマります。

## 自分の骨格タイプをチェック

以下の８項目で、A～Cのどれにあてはまるかをチェックしましょう。

### 1. 頭の形は？

A：後頭部に丸みがある

B：ぜっぺき

C：ハチが大きい

### 2. 首は？

A：短い

B：長い

C：どちらでもない

### 3. 鎖骨は？

A：目立たない

B：細くて目立つ

C：太くて目立つ

### 4. 肩は？

A：肩幅が広い

B：なで肩

C：どちらでもない

### 5. 胸板は？

A：はと胸で厚みがある

B：薄い

C：どちらでもない

### 6. 腰の位置は？

A：高い

B：低い

C：どちらでもない

### 7. お尻の形は？

A：プリッとしている

B：ペタンとしている

C：どちらでもない

### 8. 脚は？

A：まっすぐ

B：O脚

C：くるぶしが大きい

チェックした数の合計で、自分のタイプを確認しましょう。

| A | B | C |
| --- | --- | --- |
| | | |

Aが多い人…メリハリタイプ（→P58）

Bが多い人…ソフトタイプ（→P59）

Cが多い人…スレンダータイプ（→P60）

※複数のタイプに同じくらいのチェックが入ったら、両方の特徴を持っていると診断します。体のパーツに応じた着こなしのテクニックを、柔軟に取り入れましょう。

MERIHARI
メリハリタイプ

## クールビューティーなスタイルが得意

日本人離れした欧米型の体型で、定番のジャケット＋タイトスカートをかっこよく着こなせます。一方、ふんわりした素材の服は、体のラインが強調されてしまい、着太りするので注意。

このタイプの芸能人…長澤まさみさん、石原さとみさん、米倉涼子さんなど

### アイテム

◎パンツスーツ、V ネック、U ネック、ひざ上丈スカート、タイトスカート、センタープレスパンツ など

×丸首やオフタートル、チュニックは着太りする

### 素 材

◎綿、シルク、デニム、ウール、カシミア など

×薄い、やわらかい、シワ加工、ラメは安っぽく見える

### 柄

◎大きな花柄、大きなドット、バーバリーチェック、アーガイルチェック、ゼブラ柄、ストライプ、太めのボーダー

×かわいい印象の小花柄は、ちぐはぐな印象に

### 小 物

◎スクエアでマチがあるバッグ、表革のパンプス、チャンキーヒールのローファー など

## フェミニンな服で大人かわいく

華奢な体に合うレースや、フリルを使った女性らしいデザインが似合います。胴長に見えがちなので、ハイウエストのスカートを選んで足長に見せて。胸元がさみしければ、ネックレスをプラス！

このタイプの芸能人…佐々木希さん、新垣結衣さん、黒木瞳さんなど

### アイテム

◎Ａラインのワンピース、ノーカラーブラウス、丸首のカーディガン、オフショルダー、ショートパンツ、サブリナパンツ、スカート全般 など

×Ｖネック、胸元が大きく開いたものはさみしい印象に

### 素材

◎スエード、エナメル、シフォン、ツイード、モヘア

×カチッとハリのある素材、ざっくりとしたローゲージニットは太って見える

### 柄

◎小花柄、小さめのドット、ペイズリー、千鳥格子、ギンガムチェック、ヒョウ柄、パイソン柄、ストライプ、プッチ柄 など

×大きな柄は、柄の方が目立ってしまう

### 小物

◎ポシェットなど小ぶりなバッグ、靴は足首に飾りのあるパンプス、バレエシューズ など

## SLENDER
## スレンダータイプ

### 天然素材のラフな服を大人モードに

骨や関節が大きく、しっかりした体つきなので、カジュアルでリラックスした服もスタイリッシュに着こなせます。ジャストサイズの服は骨格が目立ってしまい、貧相に見えてしまいます。

このタイプの芸能人…天海祐希さん、綾瀬はるかさん、中谷美紀さんなど

#### アイテム

◎メンズライクなシャツ、アシンメトリーや変形ラインのもの、Vゾーン深めのテーラードジャケット、タートルネック、ローゲージニット、シャツワンピ、カーゴパンツ など

×パフスリーブ、ショートパンツ、ティアードスカートは、がっしり体型が強調されてしまう

#### 素 材

◎革、麻、デニム、ウール、コーデュロイ など

×シルク、サテン、ベロア、シフォン、エナメル、キルティングはあか抜けない印象に

#### 柄

◎ペイズリー、マドラスチェック、迷彩柄、ストライプ

×細かい柄やかわいい雰囲気の柄は、地味な印象になるので NG

#### 小 物

◎クラッチバッグや大きめの革バッグ、ムートンブーツ、モカシン など

# 試着で最終チェックする

パーソナルカラーや骨格タイプは、1つの参考として使いましょう。おすすめのものが本当に似合うかは、実際に着てみて確かめるのが一番です。

---

## 試着でチェック！

**トップス**

### ❶ えりまわり

- □ 顔がすっきり見える？
- □ 首が短く見えてない？
- □ 胸元がさみしくない？

### ❷ そで

- □ 腕が太く見えない？
- □ 肩ががっしりして見えない？

### ❸ シルエット

- □ 太って見えない？
- □ だぼっとして、
  着られている感じがしない？

### ❹ 丈

- □ スタイルよく見える丈になってる？

**ボトムス**

### ❺ シルエット

- □ スカート…後ろに下がってない？
- □ パンツ…ヒップ下やひざ裏に
  シワが寄ってない？

### ❻ 丈

- □ 太って見えない？
- □ 足が短く見えない？

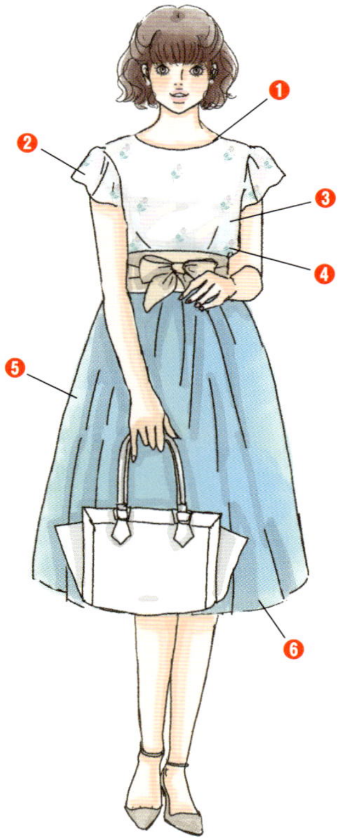


全体の雰囲気を見て少し違うと思ったら、細部をチェック。サイズや丈・素材・柄など、似合わない原因がわかったら、違うものを試着し、ぴったりのものを見つけましょう。

## TAMAKI'S COLUMN
# 似合う服にこだわりすぎない

「自分に似合うものと、なりたい自分のスタイルが異なる場合、どちらを選ぶ方がキラキラと輝くことができますか？」ファッションコンサルティング中、このような質問を受けることがあります。

私個人の考えでは、服の着こなしのバランスをとるのが苦手な人は、まずは法則通りの「似合う」を選ぶのがよいと思います。その方がきれいに見えるし、人から素敵だな♡と思われる可能性は高いです。

ただし、本来ファッションはno rule！ せっかくなら着ていて楽しく、ハッピーな気分になりたいですよね♡ 診断で似合わないとされている服も、全身のバランスをうまくとれば、きれいに着ることはできます。憧れのファッションが似合わないと診断されても、「どうすれば素敵に着こなせるかな？」と着こなしのバランスを考え、一度着てみましょう。似合っていても好きではない、自分らしくない格好をしていても楽しくないですよね？ パーソナルカラーや骨格タイプはあくまで参考に。診断に縛られず、自由に服を選びましょう。

ファッションは料理と同じ。料理上手な人は、レシピを見なくてもおいしくつくれます。もし料理が苦手でも、レシピ通りにつくればうまくいくのです。

おしゃれがわからない、似合うものがわからない、という方は法則通りに。そして慣れたら、好きなものを少しずつ取り入れていきましょう。

# 3

# 運命の人が見つかる
# モテコーデ

おしゃれはモテにも有効。自分にぴったりの男性を設定し、彼好みのファッションをすれば、最速でモテることができます！

こんにちは～
あっ
みちるさ…
わっ！
今日はまた
気合い入って
ますね
フフッ♡
今日は講座の後に
セレブコンなの
このザ・モテ服で
彼氏ゲットよ!!
かわいいけど
みちるさん
アラサー…
そんな
あなた
に
今日のテーマは
恋活よ
フフッ
最短で
理想のパートナーを
手に入れる
スペシャル講座よ
ステキすぎ!!
そのための
最初のステップは
自己分析よ
紙とペンを
用意してね
えっ？
面接ですか？

まずは自分の個性や憧れのライフスタイルを書き出しましょう
強み
●明るい
●誰とでも話せる
●肌が白い
●目が大きい
弱み
●ワガママ
●お尻が大きい
好きなこと
●ショッピング
●子ども
苦手なこと
●料理
●決断すること
憧れライフスタイル
●専業主婦
次に、分析した自分が一緒にいて心地いいと思える男性を書いてみて
私
理想の彼
ワガママ
やさしくて、言うことを聞いてくれる
料理が苦手
料理をつくらなくてもいいと言ってくれる
子ども好き
子どもがほしい
私はこういう人がいいっ!!
ザ・エリート
外車
外食オンリー
経営者や医者
ザ・普通
おとなしい
フツーの収入
フツーのサラリーマン
私はこのくらいかな…
対照的ね…
理想と現実のすり合わせも大切よ

理想が高すぎる人は手が届くようにハードルを下げたり
理想が低すぎる人は自分に自信を持って夢をふくらませてみて
理想
現実
バランスよくね♥
そしてターゲットが決まったら…
この秘密ファイル!!
SECRET
ここには男性の職業別・好みのファッションと内面がまとめられているの
結婚相談所の人に協力してもらって分析したのよ♥
SECRET
医師・弁護士の理想の女性像
色気はあるけど上品
華やかさのあるコンサバ服
堅実で料理上手
キャー先生それほしいです

→ 詳しくは P74 ～

自分の理想のパートナーが見えたら
理系男子《タイプ》
こんなファッション
そのタイプに合うファッションをすると出会いやすくなるわ
“モテ服”にとらわれず
ハッ
自分とパートナーに合う服を大切にね
さっそく変えます!!
先生っ私、着替えてもいいですか?
どーぞ
そしてセレブコン
きてみた
いいなあ…
えっ
お話しませんか?

# 魅力を活かしてモテる私に

「おしゃれをしてモテたい！」という人は多いでしょう。その一方で、モテ服＝男性にこびを売るようなおしゃれや露出が多い服と思い込んでいたり、女っぽい服装はキャラじゃない…と思って、モテから遠ざかってしまう人もいます。そうやって女らしいファッションを避けていると、どんどんオンナ度が下がってしまい、あなたの魅力を活かせません。

　モテることは男性にこびを売ったり、自分にムリをさせることではなく、あなたのよさを活かし、周りの人に好印象を持ってもらうこと。モテへの思い込みとブレーキを外し、素敵な出会いを手に入れましょう。

　また、恋愛は見た目より中身が大事！という意見もありますが、意外と人は外見＝中身と思っているもの。内面を磨くのはもちろん大切なことですが、人に伝わるまでには時間がかかります。一方、外見を変えて「私はこういう女性です」ということをアピールすれば、より早く自分を知ってもらうことができます。

　モテにおいては自分の好きな服ばかりではなく、意中の男性の好みの服を着るのも効果的です。モテたい対象の好みを分析し、戦略的におしゃれをしましょう。

## モテ服への思い込みを外そう

モテることを勘違いしていると、素敵な出会いを逃してしまうことも。思い込みを外して、個性を活かしたモテファッションを！

### いわゆる「モテ服」にとらわれない

ピンク・花柄・ふわふわといった雑誌のモテ服も、自分の年齢や個性に合わないとちぐはぐに。自分の魅力を引き出すおしゃれを大切にしましょう。

モテたい対象の好みを知ることも大切です。彼好みのおしゃれをして、相手の目に止まることを心がけましょう。

### モテ服を自分の味方にする

モテようとして外見を変えるのは、あなたのよさをいち早く知ってもらうのに効果的。モテ服を味方にし、あなたの魅力をアピールしましょう。

服を変えて第一印象をアップ

# 運命のパートナーの見つけ方

恋をしたい！　結婚したい！　という人は、自分にぴったり合う「運命のパートナー」と、それにふさわしい女性をはっきりさせると、最速で出会うことができます。

そのために、２章でしてきた自己分析を振り返りましょう。まずは自分の性格や理想の生活を書き出し、それをもとに付き合いたい男性の条件をリストアップします。

例えばタバコが嫌いなら、タバコは吸わない男性がいい、おしゃべり好きなら、話を聞いてくれる男性がいいという具合に、習慣や性格、趣味などのさまざまな点から、付き合いたい男性の条件を書き出してみましょう。

すると自分が一緒にいて居心地のいい人、ストレスがないと感じる男性像が浮かび上がってきます。イメージが湧いてきたら、その人はどんな外見や雰囲気で、どんな職業に就いているかを想像してみましょう。それがあなたの運命のパートナーです。

次に、その人にふさわしい女性の雰囲気やファッション、話し方やしぐさを想像します。運命のパートナーとお似合いの女性を具体化できれば、あなたが運命のパートナーと出会う日はグンと近くなるでしょう。

# 自分史上最高のパートナーと出会う方法

運命のパートナーと出会うには、自分と向き合うことが大切です。自己分析をして、自分にぴったりな相手を見つけましょう。

## 1　自分の個性や憧れのライフスタイルを書く

P37で書き出した「強み」「弱み」や「憧れのライフスタイル」に、「好きなこと」「苦手なこと」を書き加えましょう。

例

| 好きなこと | 苦手なこと |
|---|---|
| ●旅行 | ●話すのが苦手 |
| ●ゴルフ | ●時間にルーズな人 |

## 2　自分が一緒にいて居心地のいい男性を書く

1で分析した自分の個性をもとに、「こういう人と一緒にいたら心地よく過ごせる」という男性のイメージを書き出します。

例

| 私 | | 彼 |
|---|---|---|
| ●ワガママ | → | ●やさしくて、何でも言うことを聞いてくれる |
| ●自由 | → | ●自由を尊重してくれる |
| ●旅行が好き | → | ●一緒に旅行を楽しんでくれる |

## 3　パートナーにふさわしい女性をイメージする

外見だけでなく、話し方や内面もイメージしてみましょう。今の自分にできそうなことからマネしてみて。

# あなたの理想は高すぎ？　低すぎ？

運命のパートナーが見えてきたら、一度立ち止まって理想と現実のすり合わせをしましょう。理想が高すぎてどうしたらいいかわからない、理想を書いてもイマイチ気乗りしない場合は、見直しが必要です。

どんなに素敵な理想も、実現しなければ意味はありません。実現の可能性があまりにも低いと感じたら、手の届くレベルにターゲットを設定し直しましょう。もし理想を下げたくなければ、ターゲットに合う女性になるよう、努力するのもおすすめです。

また、書き出してみた運命の人に、そこまで魅力を感じないこともあります。これはその人の自信のなさが影響しているのかも。「本当はこういう人が理想だけど、私にはムリ」と思い込み、無難な人をパートナーに描いている可能性があります。

しかし、あなたは自分が思っているよりも価値があります。まずは自信を持つために外見を磨き、周りに認めてもらいましょう。自分のいいところを見つけ、ほめるのも効果的です。そうして少しずつ自信をつけていけば、運命のパートナーがやってきた時も「どうせ私なんて」とひるまず、チャンスをつかめるはずです。

# 理想がかけ離れていたら…

自分に自信を持つことや、相手に求める条件を見直すことで、実現度を高めましょう。

## 鏡の中の自分に話しかけ、自己暗示をかける

自己評価が低い人は、毎朝、鏡を見ながらにっこり笑って「私は愛されているし、モテるもん」と自己暗示をかけていきましょう。自分に自信がついてきます。

最初はぎこちなくても続けるうちに慣れていきます

声を出す時に、周りの人から愛されているイメージをすると効果的。自分に自信がついたら自己分析をやり直し、運命の人をレベルアップしましょう。

性格がよければ体型は妥協できるなど、ハードルを下げましょう

## 理想が高すぎる人は条件に優先順位をつける

理想が高すぎると、ターゲットになる男性の数が限られてしまいます。条件に優先順位をつけて、出会いの幅を広げましょう。

# 男性タイプ別・好みのファッション&内面

ターゲットの好みを、職業別に分析。ぴったりのモテファッションで「また会いたい」と思わせましょう。

## 経営者タイプ

野心家の彼は、自立したセクシーな女性が好み

**外見**

色気がある
華やか

**ファッション**

華やかな色や柄の服・体のラインが出る服

**内面**

ほめ上手
ポジティブ
好奇心旺盛
向上心がある
経済的にも精神的にも自立している

忙しい彼は、かまってちゃんが苦手。華やかで志のある女性を好みます。孤独な人が多いので、穏やかに話を聞いてあげるのも効果的。

» 彼はこんなタイプ

- □ おしゃれも遊びも大好き
- □ 人と同じ考えや行動を嫌う
- □ 希少価値のあるものが好き
- □ 彼女との時間より、自分の時間を優先しがち

# 医師・弁護士タイプ

プライドの高い彼は、
やさしくて清楚な女性がタイプ

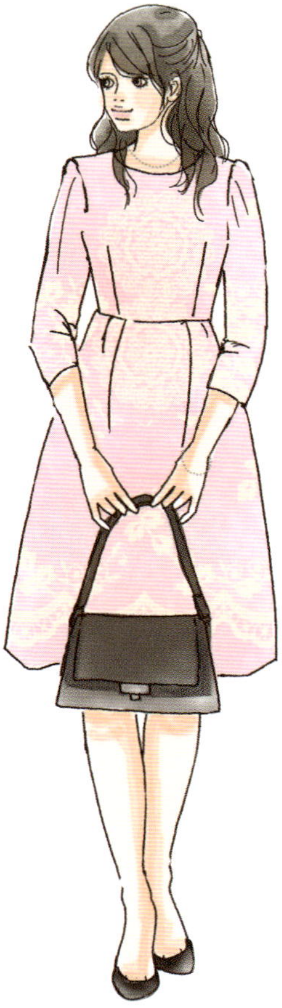

**外見**

色気はあるが、
清楚で上品
目を引く華やかさがある

**ファッション**

秘書やキー局の女子アナが着そうな、華やかさのあるコンサバ服

**内面**

堅実
育ちがいい
料理上手
気遣いができる
社交的
教養がある

良家のおぼっちゃまが多く、目を引く華やかさがありながら、清楚で上品な女性を好みます。家庭的な女性を求めているので、料理上手をアピールするのも◎。

≫彼はこんなタイプ

- □ 育ちのいいお坊ちゃん
- □ 有名大学卒業
- □ 親と同じ職業に就いている
- □ 保守的な性格

# 公務員・大手企業タイプ

安定思考の彼は、
知性と清潔感のある女性に弱い

**外見**

清楚で上品
かわいい
癒し系

**ファッション**

地方局のアナウンサーが着そうな、無難な感じの定番服

**内面**

安定志向
家庭的
堅実
やさしい
礼儀正しい

安心して両親に紹介できる、清楚な女性がタイプ。安定志向で堅実な女性を好むので、トレンド感のある服より、時代を問わず愛されるベーシックな服がおすすめ。

≫ 彼はこんなタイプ

- □ 礼儀正しい
- □ 有名大学卒業
- □ プライドが高い
- □ どちらかと言うと保守的

# 体育会系営業マンタイプ

素直でポジティブな彼は
サポート上手な女性がタイプ

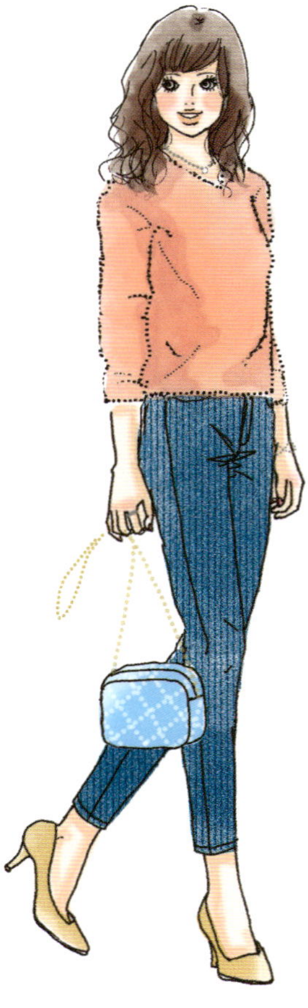

**外見**

色気がある
笑顔がかわいい

**ファッション**

トレンドを少し入れたスタイル・少しだけ露出・足がきれいに見える服

**内面**

明るい
ポジティブ
アクティブ
家庭的
天然ボケ

健康的な色気に弱いので、カジュアルな服で肌を少しだけ露出するのもあり。明るくポジティブな女性が好きなので、いつも笑顔でいることを忘れないで。

≫彼はこんなタイプ

□ 仲間を大事にする
□ まっすぐで素直な性格
□ 実家が裕福
□ 飲み会では盛り上げ役

# マスコミ・広告代理店系タイプ

華やかな職場にいる彼は
美人でノリの合う女性に惹かれる

**外見**

美人
華やか
個性がある
清潔感がある

**ファッション**

おしゃれでセンスやこだわりを感じる服・トラッドなものより、トレンドのカジュアル感や抜け感がある服

**内面**

話が面白い
センスがいい
個性がある
波長が合う
母性がある

話し上手で、センスのある会話が楽しめる女性が好き。トレンドに詳しく、レディースの流行やブランドにも精通しているので、今っぽいファッションを心がけて。

》彼はこんなタイプ

- □ 話題が豊富
- □ ノリがよくて派手好き
- □ 見栄っ張り
- □ トレンドに詳しい

## SE・研究者などの理数系タイプ

女性と接するのが苦手な彼は
結婚をイメージできる女性が好み

**外見**

清純
派手ではない
美人よりかわいい方が好き
あか抜けてなくてもOK

**ファッション**

お天気お姉さんが着そうな、ちょいダサで安心感がある服

**内面**

聞き上手
多少ぶりっ子でもOK
包容力がある
否定的なことを言わない
家庭的

どんな話も否定せず、やさしい笑顔で聞いてくれる女性を求めています。派手なタイプより、清純でやさしい雰囲気を求めているので、きれい系よりキュート系が◎。

≫彼はこんなタイプ

- □ 大人しくて地味
- □ 目立ちたがらない
- □ 計画性がある
- □ 女性と接するのが少し苦手

TAMAKI'S COLUMN

# モテる香りで狙い撃ち

「石けんの香りがする女の子が好き」など、男性は女性の香りに敏感で、香りの印象＝その人の内面と思い込む傾向があります。つまり、相手の好みのタイプに合った香りをまとえば、気になる男性に近づけるのです。ファッションだけでなく、香りもアップデートしましょう。

例えばフローラル系の香りは「華やかさとかわいらしさを併せ持った女性」、ムスク系は「ミステリアスでセクシー」、石けん系なら「清楚で家庭的」、フルーツ系なら「明るく爽やか」というイメージに。自分のなりたいタイプや男性の好みに合わせて選びましょう。

香水はつける場所にも注意。シミの原因になることもあるので、日中は日光が直接当たらない場所につけましょう。また、時間が経つと香りは変化します。ツンとしたアルコールの香りが消え、香りのバランスがよくなる、ミドルノートのタイミングで人に会うのがおすすめ。出かける30分～2時間前におなかや太ももなどにつけましょう。

シャンプーの香りなど、見え隠れするほのかな匂いも人の心を惹きつけます。歩いた時に髪からふわっと香らせるには、髪の内側や首の後ろの髪の生えぎわ、洋服のタグにつけて。デートの時は首筋につけるのも効果的です。香水のキツイ香りが苦手な男性も多いので、ボディークリームやヘアフレグランスで香りをふわっとまとうのも◎。

食事の席では、マナー違反にならないよう、着脱できる上着やストールで香らせましょう。香りのTPOも忘れないようにするのが大切です。

# 4

# なりたいスタイル別コーデ

どんな服を選べばいいかは、自分がなりたいタイプによって変わります。手に入れたいアイテムとコーデをチェックして、自分スタイルを見つけましょう。

後日
みなさん ごきげんよう
大人っぽい〜っ
みちるさん すてきすぎて まぶしいです!!
このスタイル、はじめは コスプレしてるような 気分だったけど…
慣れてきたら 自然と振る舞いも 変わってきて
大人の女性としての 自信がついてきたの
若づくりしなくて よくなったの
ステキ♥
でもまだ服に バリエーションがなくて… 何を買えばいいのかな
この服 ばっかり

いい質問ね
先生いつの間に
なりたいイメージに合うアイテムをそろえれば
おしゃれの幅がグンと広がるわ
なりたい自分は人によってさまざまだけど…
クール
キュート
エレガント
大きく分けるとこの3タイプになるわね
あなたはどれかしら?
私はCool!
私はキュートかなあ
タイプ別の定番アイテムはこれよ
はいっ
参考にしてね
エレガントタイプはこういうのがいいんだ〜
そでコンブラウス
とろみスカート
ワイドパンツ!
え〜っとキュートスタイルは…
買いにいこう〜

どうしたの？
あー、
おちこむ
私、骨格がメリハリタイプで…
キュートなスカートが似合わない…太って見える
自分の骨格タイプに合わないアイテムを着こなすには…
例 メリハリタイプがふんわりキュートなスカートをはきたい場合
ギャザー少なめでウエストをスッキリ見せる
ハリのある素材を選ぶ
長めの丈でIラインをつくり、スタイルアップ
自分に似合う素材・ライン・デザイン・色を取り入れると、美人度がアップするわよ

「似合う」はこれらの要素でできているの
色
ライン＆デザイン
素材＆柄
似合う要素が多いものほど自分を美人に見せてくれるアイテムになるわ
足りない要素は他のアイテムで補えばＯＫよ
じゃあこれを着てみて
似合うＶネック
似合う色
体のラインにきれいに沿うジャストサイズ
ギャザーのないサーキュラースカート
キュートです〜!!
かわいい〜！
よーし!! これでますます美人になるわよ！
先生っ!!
今度グランピングに行くんですがおすすめコーデはありますか？
友達と？
いえ…実は彼に誘われまして
ええっ!?
いつのまた〜ッ!!
シーン別コーデもあるわよ〜♥

# 「なりたい自分」はどのタイプ？

なりたい自分を、大きく3つのタイプにカテゴライズ。自分に近いタイプのおすすめアイテムを参考に、コーデの幅を広げましょう。

*cute*

## 愛されキュートタイプ

インスタ映えするスイーツに目がない

愛らしさと華やかさのあるタイプ。誰からも好感を持たれる、職場の花的存在。リボンやフリルが付いた、ふんわりシルエットのファッションが似合う。

*cool*

## かっこいいクールタイプ

ランチはサンドイッチでクイックに！

きちんとしたファッションを求められる職場に勤務する、営業職のイメージ。スーツを軸にしたワードローブは、ベーシックだけれど今っぽさを感じるアイテムがそろう。

*elegant*

## 女らしいエレガントタイプ

話題のレストランで、大好きなワインを堪能

女性らしく聡明な雰囲気。上役や社外の人とも接する機会が多い、広報や秘書などのイメージ。旬のディテールをほどよく取り入れた、女らしいファッションが得意。

ITEM 01

シャツ・ブラウス

# SHIRT & BLOUSE

きちんと感を出したい時に取り入れたいアイテム。そでフリルの華やかブラウスは、キュートタイプの装いにぴったり。エレガントタイプは、手を動かすたびにフレアが揺れる、そでコンシャスのブラウスで女らしさをアピール。クールタイプはスタンドカラーのかちっとした白シャツにきれいめのパンツを合わせて、辛口で着るのがおすすめ。

cute

フリルの効果で二の腕がほっそり

フリルのブラウスに花柄スカート。ディテールの甘いコーデも、白でまとめて大人っぽく。

デニムに合わせて大人かわいく

ギンガムチェックはキュートタイプにおすすめのスイートな柄。ブルー系で甘さ控えめに。

elegant

とろみや光沢のある素材で大人っぽく

スイートで華やかなディテールのブラウスで女らしく。ボトムスはノーブルな白やシックなカラーで落ち着かせて。

甘すぎないデザインで、シックな雰囲気に

オンにもオフにも使える、切り替えのあるレースブラウス。きれいめのスカートを合わせれば、パーティーにも行けます。

cool

制服みたいにならないよう、
遊び心のある小物を足して

きちんと感の高いブロードの白シャツを、パンツにイン。サングラスやバッグでアクセントをつけて。

通勤の定番スタイルとして着こなして

オフィスで映える、きれいめの抜けえりシャツ。細身タイトを合わせれば、凛としたビジネス仕様に。

ITEM 02

スカート

# Skirt

デザインだけでなく、丈の長さやボリュームにも注目して選びましょう。エレガントタイプは腰まわりがタイトなすそ揺れスカートで、ふくらはぎ下を選ぶと大人っぽさがアップ。かわいいギャザーたっぷりのミニ丈は、キュートタイプに。パンツスタイルの多いクールタイプは、ひざが隠れる長めのタイトスカートで、かっこいい女性を演出して。

*cute*

風にひらりとなびく
フレアの揺れがキュート

空気をたっぷり含むような、ふんわりシルエットのスカート。上品な淡いピンクで大人かわいく。

ファー付きニットで、品よく愛らしさをプラス

ミニ丈でも花柄でも甘くなりすぎない、コクーンミニ。立体的なフォルムが体型もカバーしてくれる。

女っぽカラーでフェミニンに

ボリュームおさえめのフレアが大人の雰囲気。シンプルなトップスと合わせて上品に。

elegant

トップスをカジュアルにすればカジュアルデートにもＯＫ

ブルーやブラウンなど、大人カラーのレーススカートは、女っぽさも美人度も２割増し。

トップスもフィット感のあるものを選んで

おじさんチックなチェック柄のタイトスカートは、細身のシルエットで女っぷりをアップ。

素材のコントラストを楽しんで

白シャツ×タイトスカートの定番スタイルも、スカートをニットにするだけで、こなれた印象に。

ワンピース

ITEM
03

# ONE-PIECE DRESS

1枚でさまになり、コーデを考える必要のない便利アイテム。クールタイプは、きちんと見えるえり付きのシャツワンピがおすすめ。エレガントタイプはシックな色で光沢のある素材、ウエストが締まった大人フェミニンなデザインを。キュートタイプは得意の花柄をセレクト。派手になりすぎないように、地は白やダークカラーのものを選んで。

cute

フリルなどがない、シンプルな形のものを

愛らしい花柄ワンピは、着回しのきく白ベースがおすすめ。オフィスの定番・テーラードジャケットを合わせて通勤着に！

小物はチェック柄にある色を選ぶとコーデ上手に！

マダムなツイードワンピは、ピンクでかわいく。甘くなりすぎないように、黒いバッグで締めて。

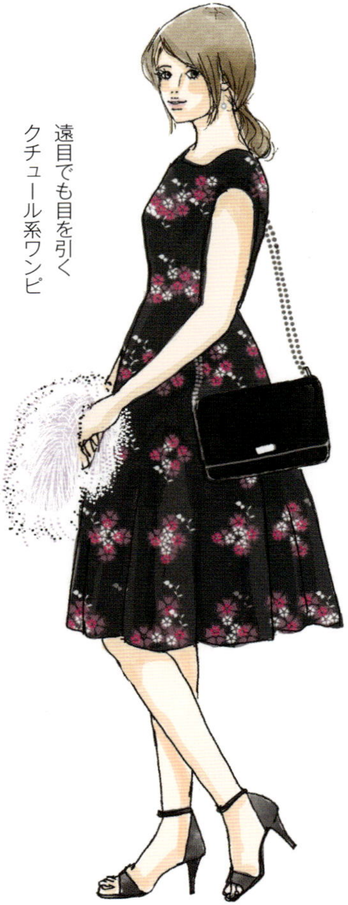
遠目でも目を引く
クチュール系ワンピ

黒地に刺しゅうが入った、繊細でリッチなワンピース。大人な雰囲気の花柄が色っぽい。

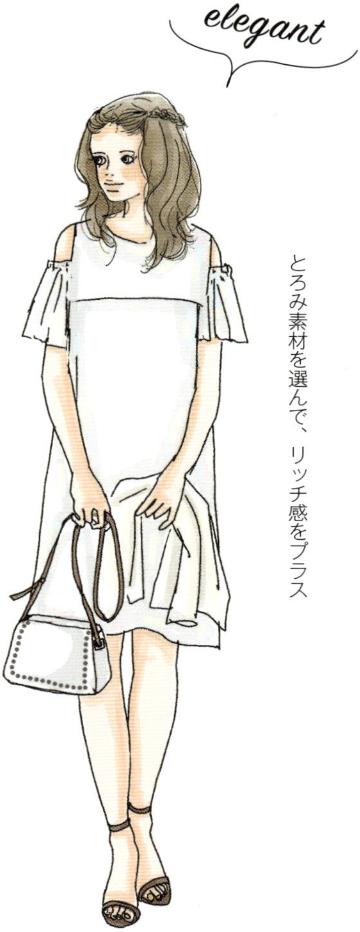
elegant
とろみ素材を選んで、リッチ感をプラス

清楚だけど色っぽい、オープンオフショルダーのワンピース。淡いトーンの小物で品よくまとめて。

サッシュでメリハリをつけて女らしく

爽やかさときちんと感で好感度の高い、ストライプのシャツワンピ。そでをロールアップしてこなれた印象に。

オンもオフも使える、シンプル&ベーシックな1枚

鎖骨をきれいに見せてくれる、Vネックワンピース。落ち着いたネイビーとIラインのデザインがかっこいい。

ITEM 04

ジャケット

# JACKET

ジャケットスタイルが得意なのはクールタイプ。テーラードやダブルのマニッシュなものを、さらりと着こなして。エレガントタイプは、光沢のあるとろみ素材のジャケットを。そでを通さずに、はおる方が今っぽくきまります。キュートタイプは丈が短めのものを選ぶと、愛らしい印象に。ノーカラーのツイードだとかわいらしさが増します。

そでが長い場合は、たくし上げればＯＫ

爽やかな白×ブルーのコーデ。テーラードでも、そでと丈が短いと愛らしい雰囲気に。

ブレードが付いた、華やかタイプがおすすめ

ツイード素材は上品キュートに見せたい時におすすめ。スキニーデニムを合わせて、美脚をアピール。

*elegant*

さらっとはおって、
大人のドレスアップスタイルに

とろみ素材のジャケットは、ドレッシーなスタイルにもなじみます。ブラックドレスで周囲と差をつけて。

タイトスカートで縦長のシルエットをつくり、スタイルアップ

ウエストが細くシェイプされた、美シルエットのノーボタンジャケット。ラッフルのブラウスで女性らしさを。

cool

そでをまくって抜け感を出して

キャリア系を目指すなら、テーラードジャケットにセンタープレスのハンサムスーツできめるのがおすすめ。

カットソーとデニムを合わせて
休日スタイルに

クラス感のあるグレンチェックのジャケットを、カジュアルダウンして脱通勤着！

ITEM 05

ニット

# KNITWEAR

cute

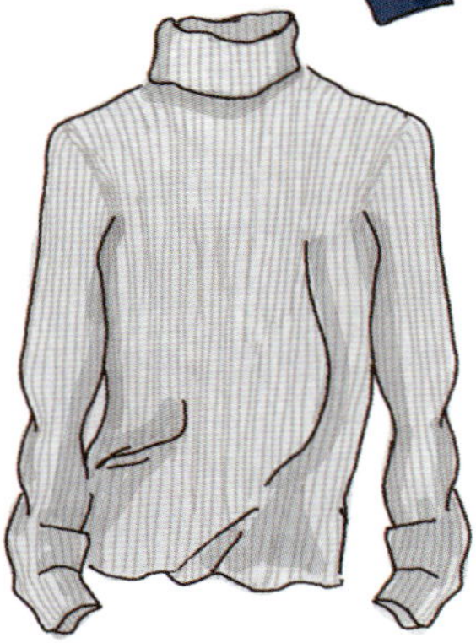

cool

elegant

キュートタイプは、刺しゅうやビジュー付きの華やかなカーディガンを着回して愛らしく。クールタイプは、タートルやVネックなどのシャープな印象のニットが似合います。エレガントタイプは上質な素材のニットがおすすめ。ゆるめの肩落ちデザインを着ると、女性らしく華奢な印象になります。

cute

すそをインしてコンパクトに着こなして

豪華な刺しゅうのカーディガン。ボタンを全部留めると、いっそう華やかな印象に。

デザインそでが
シンプルなスカートコーデの
アクセントに

そでをキャンディーみたいに絞ったデザインのニット。コーデに甘さを加えてくれます。

深すぎず、浅すぎない絶妙なVネックも◎

セーブルを使った、上質なゆるシルエットのニット。立体的なデザインで細見え効果も。

*elegant*

ざっくりニットは
さりげなく女っぽいアイテム

黒のざっくりとしたタートルネック。すそはロングフレアのスカートにインして。

cool
薄手なら、ウエストにインしてもかさばらない

細めのリブでジャストサイズのニットがおすすめ。タイトスカートに合わせると知的な印象に。

高級感のあるハイゲージニットを選んで

デイリーに使いたい、Vネックのニット。細身のシルエットをパンツに合わせて男前に。

カットソーやＴシャツなど、その他のトップス

ITEM 06

# THE OTHER TOPS

cute

elegant

cool

１枚で着てもよく、インナーにもできる使い勝手のいいアイテム。首まわりのデザインやディテールで選ぶのがポイント。クールタイプはＶネックで、デコルテをほどよくアピール。エレガントタイプは横に広く開いたボートネックで、華奢見えさせて。レディな刺しゅうやビジュー付きは、キュートタイプにおすすめ。

*cute*

清涼感のあるカラーで甘さをおさえて

刺しゅう入りのカットソーにふんわりスカートを合わせた、ロマンチックなコーデ。スエード調のベルトでおしゃれ度をアップ。

ふんわりチュールのスカートで大人かわいく

女性らしさ全開のオフショルダーは、肩まわりが華奢に見えます。ぴたっとした細身のデザインなら、品のよさも抜群。

*elegant*

ワイドなネックラインで、ほんのり肌が見えるのがポイント

カジュアルなボートネックは、高級感のあるカラーを選んで。タイトなスカートと合わせれば、デートにも使えます。

かごバックでコーデをアップデート

背中の肌見せカットソーは、ヘルシーで女らしい印象。デニムにインするとシルエットが強調され、スタイルアップ効果も。

cool

そでを上げ、手首を見せてバランスよく

Vネックは首が細く、顔がシャープに見えます。センタープレスのパンツに合わせて、キリッとしたいい女に。

キャスケットやかごバックでパリっぽく小粋にまとめて

ジャストサイズのロゴTを、涼しげなストライプのロングスカートに合わせて爽やかに。

ITEM 07

デニム

# DENIM

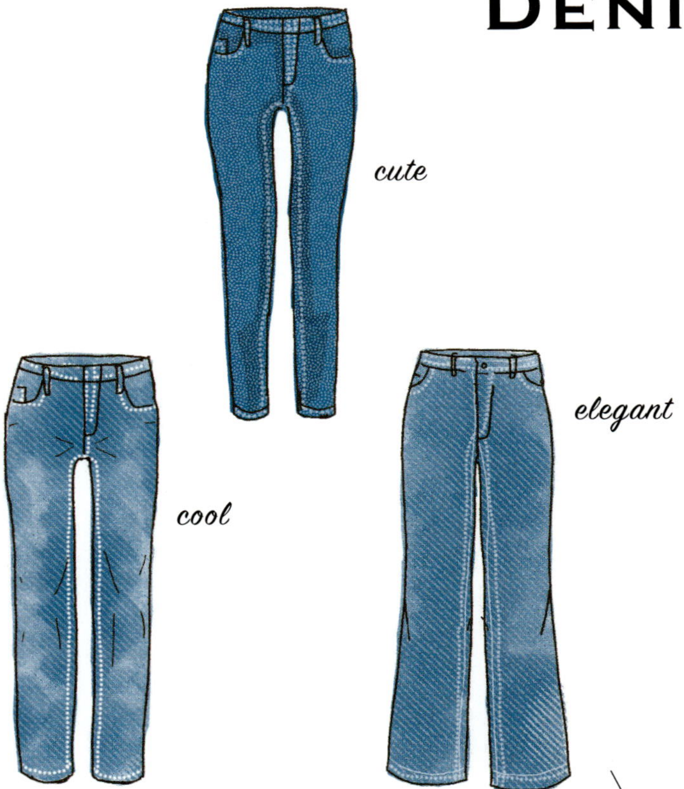


デニムはシルエットや着こなしによって雰囲気が変わります。クールタイプは定番のストレートをジャケットと合わせて、メンズライクに着こなして。エレガントタイプは、ワイドデニムで女っぽく。タイトなトップスをインしてAラインをつくるのがベスト。足がきれいに見えるスキニーデニムは、キュートタイプにおすすめ。

*cute*

ほどよく色落ちしたデニムが爽やかさを演出

美脚のスキニーに、リュクスなレースのブラウス。女性らしいレースを、フレッシュなデニムで健康的な色気に。

カラーパンプスで都会的なエッセンスをプラス

ダメージや切りっぱなしのデニムに、エキゾチックなムードのトップスを合わせたカジュアルコーデ。

## elegant

上半身をコンパクトにまとめ、Aラインをつくると女っぽさがアップ

ワイドデニムはハイウエストで丈が短めを選ぶと、スタイルアップ。胸元の開いたトップスで女っぽさを足して。

トップスにボリュームを持たせ、美脚をアピール

女らしさを強調するスキニーに、ボリュームスリーブのブラウスを合わせてエレガントに。

*cool*

足元はあえてハイヒールがかっこいい

オーソドックスなデニムにニットをイン。グレンチェックのジャケットを肩掛けして今っぽく。

ホワイトデニムでカジュアルを格上げ。定番コーデも洗練された印象に

爽やかなホワイトデニムに、淡いピンクのシャツをコーデ。ボタンを開けて胸元にＶをつくるのがポイント。

ITEM 08

パンツ

# PANTS

シュッとしたセンタープレスのパンツは、クールタイプにぴったり。足首が隠れる丈できちんと感をアップして。上品リッチを目指すエレガントタイプは、女性らしさのあるワイドパンツがおすすめ。上質な素材を選ぶのがポイントです。キュートタイプはテーパードパンツで足首を見せれば、苦手なパンツもレディに着こなせます。

cute

7分丈で若々しさをプラス

モノトーン合わせの、甘さ控えめパンツコーデ。トップスに女っぽいディテールがあれば、地味見えしません。

足首のチラ見せでバランスをとって

きれい色コーデのデートスタイル。スカートみたいに広がるワイドパンツは、歩くたびに揺れるヘムがフェミニン。

トップスをインしてスタイルアップ

フェミニンなピンクのワイドパンツは、女らしくてこなれた印象に。ウエストマークで細見え効果も。

elegant

すそからのぞく華奢な足首で、いい女度アップ

クリーンな白のクロップドパンツ。落ち感のある素材とレースブラウスで、カジュアルを格上げ。

cool

ベルト使いできちんと感アップ！

メンズライクなパンツでクールに。ひざからすそにかけての細身のラインが、すっきり足長に見せてくれます。

黒でまとめたトップスにチェック柄が映える

チェック柄のワイドパンツは、きちんと見えが狙えます。オンスタイルにも活躍。

コート　ITEM 09

# COAT

コートは冬の主役アイテム。着る人の印象を大きく左右するので、なりたいイメージで選ぶのがポイント。キュートタイプはふわふわのファー付きでスイートに。さらりとはおるだけでさまになるガウンコートは、エレガントタイプにおすすめ。クールタイプはきちんと感のあるトレンチやチェスターなど、メンズライクなデザインをチョイス。

*cute*

ボリュームあるファーで
手首をほっそりした印象に

ファーのモコモコ感がリッチで甘いコート。ティペット（えりのファー）を外せば、通勤にもOK。

ラフなかわいらしさで好感度アップ

ふんわりファーのレディなダッフルコート。パンツを合わせるとカジュアルになりすぎるので注意。

elegant

ベルトの有無で雰囲気を変えられるのも魅力

さらりとはおって、ベルトでキュッと締めるだけで女らしさが出るガウンコート。細身よりゆったりしたシルエットがおすすめ。

ゆったりニットもさらっと着れるサイズ感が◎

シンプルなフォルムのコートは、オーバーサイズを選ぶのが旬。肩の切り替えは、肩から少し落ちるくらいがベスト。

cool

そでをまくってニュアンスを出して

トラッドなトレンチコート。ほどよく細身だと、フェミニンにもメンズライクにも着こなせます。

ピンクのロングスカートで女っぽさをオン

ゆったりシルエットに大きなグレンチェックのコートで、インパクト大。パーカーをインして、都会的に着こなして。

シューズ

ITEM 10

# SHOES

cute

cool

elegant

靴はイメージづくりの重要なポイント。クールタイプはローファーなどのメンズライクなデザインに、チャンキーヒールで女らしさをプラス。7～9cmのきれいめハイヒールは、エレガントタイプ向き。リッチな素材で差をつけて。キュートタイプには、足首にストラップやリボンのディテールがあるものがおすすめ。

バッグ　ITEM 11

# BAG

デザインも機能性も気になるバッグ。マチのあるスクエアな形の機能的なバッグは、ビジネスで活躍するクールタイプにおすすめ。A4が入るくらいのサイズで、モードなデザインのバッグは、エレガントタイプに。キュートタイプは機能性は二の次。チェーンがきらめく華やかなチェーンバッグなど、小さめサイズで愛らしく。

# 1/OCCASION《オケージョン》

タイプ別に、披露宴やホテルのパーティーなどでのコーデを紹介。フォーマルなシーンでも自分らしさをアピールしましょう。

cute

## 大きなリボンやチラ見せレースなど、ディテールで大人かわいく

リッチ感や今っぽさ、かわいらしさを備えたドレスをチョイス。ハリ感のあるシルエットのスカートから、チラリとのぞく白のレースが小粋。アシンメトリーな大きめリボンも、パーティーでほめられる華やかポイント。

*elegant*

**シンプルワンピをさらりとまとい、上質アクセでリュクスに**

シンプルなのに華がある、大人のワンピース。高級感あふれる光沢素材とドレープが、女性らしいボディラインをきれいに見せてくれます。ビーズのクラッチバッグやパールネックレスの重ね付けで、エレガントな雰囲気をプラスして。

cool

**小物遊びでパンツスタイルをお呼ばれドレス級に格上げ**

シンプルなアイテムも、着こなし次第で格上げできます。別々でも着回せるパンツタイプの黒のセットアップをベースに、小物を合わせてクールにドレスアップ。大ぶりのアクセサリーやクラッチバッグで輝きを添えて、ドレッシーに。

# 2/DINNER

リッチディナー

リッチなレストランへのお誘いは、いつもの飲み会とは違うおしゃれで装って。

cute

## 愛らしい花柄ワンピに白カーディガンで清楚をプラス

ムリに背伸びせず、パステルカラーの花柄ワンピで若さやかわいらしさをアピール。パステルピンクの花柄ワンピなら、派手すぎずふんわりやさしげな印象に。白のカーディガンを合わせて、キュートな女性らしさを念押し。

elegant

### 光沢ピンク×黒ボトムで光を集める美肌コーデ

高級レストランの照明はやや暗め。そういう光の少ない場所では、光沢素材のベビーピンクが最高のレフ板になり、顔映りがよくなります。黒のボトムスでベビーピンクを強調すると、いっそうフェミニンなイメージに。

cool

## シャープな白のセットアップ、ジャケット肩掛けで抜け感を

勝負服の定番・白ワンピも、シュッとしたIラインのセットアップドレスならクール＆知的にきまります。ノースリ＋ジャケット肩掛けで、適度な抜け感を。深めのスリットで女性らしさをさりげなくアピールするのもポイント。

# 3/OUTDOOR《アウトドア》

海デートやグランピングは、青空や緑に合うコーデで魅力をアピール。

## 青空に映える白トップスとショートパンツでヘルシーに

青空にマッチする、爽やかな白のトップス。フレアそでがレディライクなオフショルダーに、ショートパンツを合わせてはつらつと。街では浮いてしまうショートパンツも、高原でならOK。アウトドアならではのコーデを楽しんで。

*elegant*

## 女らしい鮮やかトップスで、高原でもきれいめコーデ

背景の緑に負けない、鮮やかなブラッドオレンジのトップスをチョイス。落ち感のある素材を選べば、女らしさもキープできます。カジュアルに欠かせないインディゴブルーのデニムとの相性もバツグン。

cool

## トレンドのアスレジャーでハンサムスタイル

スポーツテイストをミックスしたトレンドの「アスレジャー」な装いは、クールタイプにぴったり。アースカラーで渋くきめて。キャップやパーカー、スニーカーはスポーツブランドのものを選ぶのがベター。

TAMAKI'S COLUMN

# タイプ別のおすすめ雑誌＆ブランド

なりたい自分のファッションの参考になる、雑誌やブランドを紹介。自分にぴったりのおしゃれを見つけましょう。

| | キュートタイプ | エレガントタイプ | クールタイプ |
|---|---|---|---|
| 雑誌 | 美人百花<br>（角川春樹事務所） | CLASSY.<br>（光文社） | Oggi<br>（小学館） |
| 雑誌 | and GIRL<br>（M-ON! Entertainment） | BAILA<br>（集英社） | Domani<br>（小学館） |
| ブランド | Apuweiser-riche<br>アプワイザー・リッシェ | ADAM ET ROPÉ<br>アダムエロペ | UNTITLED<br>アンタイトル |
| ブランド | And Couture<br>アンドクチュール | ANAYI<br>アナイ | INÉD<br>イネド |
| ブランド | JUSGLITTY<br>ジャスグリッティー | allureville<br>アルアバイル | INDIVI<br>インディヴィ |
| ブランド | JILLSTUART<br>ジル スチュアート | IÉNA<br>イエナ | ESTNATION<br>エストネーション |
| ブランド | snidel<br>スナイデル | EPOCA<br>エポカ | Theory<br>セオリー |
| ブランド | Chesty<br>チェスティ | GALLARDAGALANTE<br>ガリャルダガランテ | DOUBLE STANDARD CLOTHING<br>ダブル スタンダード クロージング |
| ブランド | TOCCA<br>トッカ | The Virgnia<br>ザ ヴァージニア | Deuxième Classe<br>ドゥーズィエム クラス |
| ブランド | DRWCYS<br>ドロシーズ | Spick & Span<br>スピック＆スパン | TOMORROWLAND<br>トゥモローランド |
| ブランド | Noëla<br>ノエラ | Demi-Luxe BEAMS<br>デミルクス ビームス | Drawer<br>ドゥロワー |
| ブランド | FRAY I.D<br>フレイ アイディー | nano･universe<br>ナノ・ユニバース | NATURAL BEAUTY<br>ナチュラルビューティー |
| ブランド | Mystrada<br>マイストラーダ | NOBLE<br>ノーブル | BANANA REPUBLIC<br>バナナ・リパブリック |
| ブランド | Rirandture<br>リランドチュール | UNITED ARROWS<br>ユナイテッドアローズ | BOSCH<br>ボッシュ |
| ブランド | REDYAZEL<br>レディアゼル | ROPÉ<br>ロペ | |

美人のクローゼットをつくったら
今日はコレとコレ
迷わず選べる
いいことがいろいろあった
かおるちゃん久しぶり～
雰囲気違う!! その服も似合ってるね
本当にーえみ!? 髪ものびたね♡
クローゼットを片づけたら周りからほめられることが多くなって…
かおるのおかげ
「もっとこうなりたい」って前向きに思えるようになったり
ヨガ始めてみようかな～
ステキな人だなあ～♡
いろんな目標を持てるようになったの

ちょっと前まで
おしゃれにも自分にも
自信がなかったのに…
うふ
ま、いっか
これで…
えみ輝いてる〜
服のパワーって
すごいよね
講座で一緒だった
みんなも…
みちるさんはハイスペ男子と
めでたくゴールイン
あすかちゃんは
新規プロジェクトのリーダーに
私も、もっと
素敵になるぞ!!
ピロリロリン
…実は最近
彼ができて
次はブライダル
コーデかな

パーソナルカラー診断シート（スプリング）

パーソナルカラー診断シート（サマー）

パーソナルカラー診断シート（オータム）

パーソナルカラー診断シート（ウインター）

## [監修] 衣笠 環（きぬがさ たまき）

パーソナルスタイリスト

1978年生まれ、大阪府出身。美容専門学校卒業後、美容部員や一般企業で営業職、セレクトショップ店長などを経験。コンプレックスを持っている女性に綺麗になって自信を持ってもらいたい！と34歳でパーソナルスタイリストになる事を決め「女性のためのスタイリングサロン ビューティリア大阪サロン」を開業。大阪人らしい気さくな性格でOLや主婦など、女性ファンが多く、日本のみならず海外からも顧客が来店する人気サロンとなる。女性の生き方、幸せに楽しく生きるマインドを学びに来る顧客も多い。現在はメイクレッスン、ファッションコンサルティングの他、起業女性のブランディング、婚活恋活レッスンなども人気。2018年現在、1500名以上の個人コンサルティングを行い、パーソナルスタイリスト養成講座では約200名以上の生徒を育成。全国におしゃれ美人を増やす活動をしている。

おしゃれ美人養成講座
https://ameblo.jp/beauteria-osaka/

**[ 参考文献 ]**
「なりたい私」になるクローゼットのつくり方（宝島社）／賢いクローゼット（宝島社）／出会いを引き寄せる服の選び方 愛されリアルコーデ（朝日新聞出版）／#oookickooo のファッション大図鑑（マガジンハウス）／だれにでもつくれる 最強のクローゼット（ワニブックス）／カジュアルは楽しい！（KADOKAWA）／「あの人すてき！」と思わせる 美人な姿勢図鑑（新星出版社）／骨格診断×パーソナルカラー 本当に似合う Best アイテム事典（西東社）／骨格診断×パーソナルカラー 本当に似合う服に出会える魔法のルール（西東社）など

イラスト　harumi
装丁デザイン　キムラナオミ（2P Collaboration）
本文デザイン　渡辺靖子（リベラル社）
編集　鈴木ひろみ
編集人　伊藤光恵（リベラル社）
営業　青木ちはる（リベラル社）

編集部　堀友香・上島俊秀・高清水純・山田吉之
営業部　津村卓・津田滋春・廣田修・榎正樹・澤順二・大野勝司

**クローゼットの法則でときめく美人になっちゃった！**

---

2018年5月28日　初版

編　集　リベラル社
発行者　隅田　直樹
発行所　株式会社 リベラル社
〒460-0008　名古屋市中区栄3-7-9 新鏡栄ビル8F
TEL 052-261-9101　FAX 052-261-9134　http://liberalsya.com
発　売　株式会社 星雲社
〒112-0005 東京都文京区水道1-3-30
TEL 03-3868-3275
印刷・製本　株式会社 チューエツ

---

 ISBN978-4-434-24734-7

**似合う服の法則で**
**ずるいくらい美人になっちゃった！**

監修：榊原恵理・衣笠たまき（ビューティリア）
イラスト：あきばさやか

（A5判／144ページ／1,100円＋税）

人気パーソナルスタイリストのおしゃれのテクニックを、コミックでわかりやすく紹介。簡単な自己診断で似合う服がわかります。買い物に便利な「似合う色パレット」付き！

**似合う靴の法則で**
**もっと美人になっちゃった！**

監修：佐々木恵
イラスト：あきばさやか

（A5判／144ページ／1,100円＋税）

上級シューフィッターの靴選びのコツとおしゃれな足元コーデを、コミックとイラストで紹介します。自分の足のサイズがわかる「足長・足囲測定シート」付き！